Gott, Geld und Glaube

Christliches Handeln in Wirtschaftsfragen

Helmut Haubeil
Gerhard Padderatz

Impressum

ISBN 978-3-942126-00-7

Projektleitung:	Petra Sedlbauer
Bearbeitung:	Johannes Kolletzki
Cover:	www.dieschoepfung.eu, Henry Stober
Satz:	advedia, Ilja Bondar
Druck:	Printed in Germany

Herausgeber und Bestelladresse:
amazing discoveries e. V.
Orchideenstr. 11
D-90542 Eckental
Tel. 091 26 - 289 45 67
Fax 091 26 - 289 45 68
info@amazing-discoveries.org
www.amazing-discoveries.org

Verwendete Bibelübersetzungen:
Luther 1984 (Standard)
GN = Gute Nachricht
Hfa = Hoffnung für alle
Elb = Elberfelder

»Wenn der HERR nicht das Haus baut,
so arbeiten umsonst, die daran bauen.«
(Ps 127,1)

»Trachtet am ersten nach dem Reich
Gottes und seiner Gerechtigkeit, so wird
euch solches alles zufallen.«
(Mt 6,33)

»Paulus erkannte, dass die Menschen das
Wesen Christi verstehen müssen, ehe sie
ihn lieben oder das Kreuz mit den Augen
des Glaubens betrachten können.«

(ELLEN WHITE: *Das Wirken der Apostel*, 272)

Inhalt

Anhang

Einleitung

Es wird der Tag kommen und es wird einen Ort geben, an dem Geld keine Rolle mehr spielt. Das wird im himmlischen Jerusalem sein und – 1000 Jahre später – auf der neuen Erde. Wir nennen das auch zusammengefasst das »Reich der Herrlichkeit«. Dieses Reich mit seiner »neuen Weltordnung« wird mit der Wiederkunft Christi anbrechen. Darauf freuen wir uns. Und wir glauben, dass es nicht mehr lange dauern wird.

Als Kinder Gottes leben wir heute gleichzeitig in zwei Welten. Die eine ist die – zwar von Sünde verwundete und vernarbte, aber immer noch sehr schöne – materielle Welt. Die andere ist das Reich Gottes, das wir auch das »Reich der Gnade« nennen. In diesem letztgenannten Reich gelten teilweise ganz andere Gesetze und Prinzipien als in der materiellen Welt. Gleichzeitig in diesen beiden Welten zu leben, bedeutet nicht selten eine Herausforderung, bisweilen sogar einen Spagat. Dennoch: Unser Verhalten in dieser Welt zeigt, wes Geistes Kinder wir sind. Wenn wir zu Christus gehören (und das ist ja die Bedeutung des Begriffes »Christ«), wird unsere Zugehörigkeit zum Reich Gottes Spuren hinterlassen in dieser materiellen Welt. Unsere Prioritäten werden sich in vielen Punkten (aber nicht in allen) von denen jener Menschen unterscheiden, die nur in der einen, nämlich der materiellen, der diesseitigen Welt leben.

In dieser Welt spielt Geld eine enorm wichtige Rolle. Aber welche Rolle ist das? Genau hier scheiden sich die Geister. Geld ist der Schmierstoff unserer Wirtschaft. Geld kann verschiedene Funktionen haben. Es schafft Macht, Einfluss, Prestige, Luxus. Geld bietet aber auch die Möglichkeit, Gutes zu tun, Freiräume zu schaffen, Träume zu verwirklichen, menschliche Not zu lindern und – einen Beitrag zur Rettung von Menschen für die Ewigkeit zu leisten. Das geht nur, wenn Menschen Jesus Christus kennenlernen, sein Erlösungsangebot annehmen und zu seinen Jüngern werden. Das erfordert einen missionarischen Einsatz – Verkündigung auf die eine oder andere Weise. Geld kann also egoistisch eingesetzt werden und sogar einen Fluch für seinen Besitzer bedeuten, oder es kann uns und anderen zum Segen dienen.

Dieses Buch beschreibt die Wechselbeziehung zwischen Gott (bzw. dem Handeln Gottes in dieser Welt), Geld und unserem Glauben, d. h. unserem Handeln auf der Grundlage unserer Gottesbeziehung. Wenn Gott der Eigentümer dieser Welt ist, dann ist er unendlich reich. Wenn Gott großzügig ist, uns liebt und in diese Welt eingreift – und all das glauben wir ja –, dann wird er uns auch teilhaben lassen an diesem Reichtum – zumindest soweit es unseren Charakter nicht verdirbt. Es gibt viele Menschen, die das erfahren haben. Aber wie funktioniert das? Genau das ist eines der Themen dieses Buches.

Gott, Geld und Glaube: Christliches Handeln in Wirtschaftsfragen hat eine längere Entstehungsgeschichte. Helmut Haubeil, der nach einer erfolgreichen Karriere in der Wirtschaft in den Predigtdienst und dann in die Leitung einer christlichen Institution gerufen wurde und danach ein Missionswerk aufbaute, hat seit vielen Jahren *ein* Thema und Anliegen: Christus im Unternehmen. Zu diesem Thema hat er zahlreiche Vorträge gehalten, Seminare durchgeführt und Artikel veröffentlicht. Vor ein paar Jahren bat er mich, sein gesammeltes Material zu dieser Thematik zu einem Buchmanuskript zu verarbeiten. Dazu war ich gerne bereit, hatte aber zunächst keine Zeit. Nach einer ersten, flüchtigen Durchsicht hatte ich allerdings schon bald den Eindruck gewonnen, dass das zusammengetragene Material vielen Christen und speziell Siebenten-Tags-Adventisten eine große Hilfe sein würde.

Nach einigen Zeitverzögerungen und einem Beschluss auf der ASI-Tagung des Jahres 2007 in Bad Kissingen fing ich dann an, mich mit der Materie intensiver auseinanderzusetzen. Als begeisterter Adventist, Unternehmer und Unternehmensberater sah ich jetzt immer deutlicher den Wert des Materials und die Lücke, die dieses Buch in der allgemeinen und speziell der adventistischen Buchlandschaft schließen würde. Der ursprüngliche Titel »Christus im Unternehmen« machte mir jedoch Sorgen. Einerseits ist die Zahl der adventistischen Unternehmer deutscher Sprache – und das wäre ja unsere Hauptzielgruppe gewesen – so klein, dass sie die Herstellung eines Buches nicht rechtfertigte. Andererseits waren viele der Gedanken, Argumente und Erfahrungen nicht nur für Unternehmer von Wert. Jeder von uns hat mit Geld zu tun. Wir alle sind auf den Segen und die Hilfe Gottes angewiesen. Deshalb fingen wir an, das Thema auszuweiten und das Manuskript so umzuschreiben, dass ein größerer Personenkreis davon profitieren würde. Ein besonderer Dank gilt an dieser Stelle Sigrun Schumacher. Die Witwe des großen adventistischen Sportjournalisten Heinz Schumacher – sie ist seit 2009 ASI-Mitglied und selbst journalistisch tätig – hat freundlicherweise bei der redaktionellen Bearbeitung des Manuskripts mitgeholfen.

Bei einem Blick in das Inhaltsverzeichnis mag es so scheinen, als sei der erste Teil für Nichtunternehmer und der zweite Teil für Unternehmer gedacht. Das ist aber nur teilweise richtig. Sicher enthält der zweite Teil mehr Informationen für Unternehmer und Selbstständige. Dennoch richten sich beide Teile an beide Personengruppen.

Mit Geld können wir wie gesagt viel Segen stiften. Wir können mitarbeiten am Aufbau des Reiches Gottes und an der Rettung von Menschen. Dabei kommt es nicht so sehr auf die Menge des Geldes an, sondern vielmehr auf den klugen Einsatz sowie den göttlichen Segen, der unser wirtschaftliches Handeln begleitet. Gott kann in seiner Genialität und Güte auch aus wenig viel machen. Dieses Geheimnis soll in diesem Buch ein Stück weit gelüftet werden. Und dieses Geheimnis ganz praktisch und konkret zu erfahren, ist der Wunsch der Autoren für jeden Leser. Außerdem möchte wir Euch ermutigen, uns über Helmut Haubeil als Kontaktperson (Adressdaten auf Seite 211) an diesen Erfahrungen teilhaben zu lassen.

Gerhard Padderatz

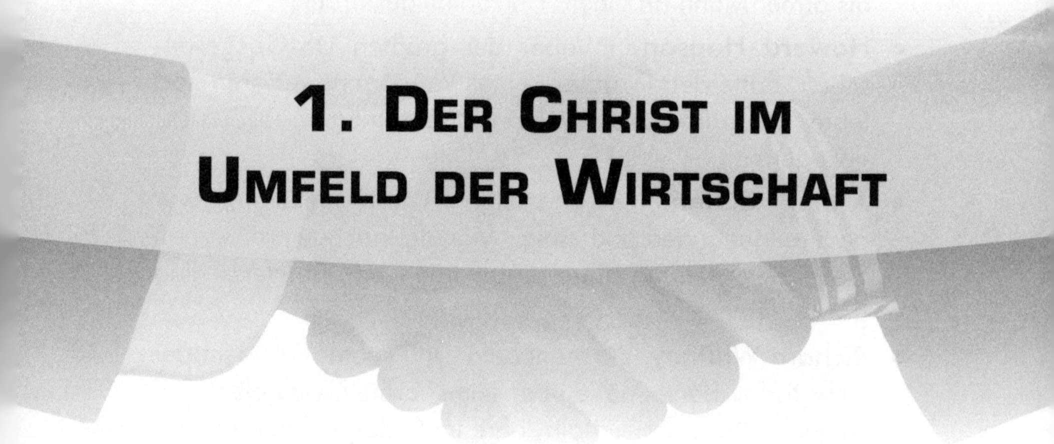

1. Der Christ im Umfeld der Wirtschaft

Was ist Lebenserfolg?

Jeder hat seine eigene Definition von Erfolg. Die meisten denken dabei an Geld, Einfluss, Macht, Berühmtheit. Sicher kann man all diese Dinge als eine Art von Erfolg bezeichnen. Ist das aber *Lebens*erfolg im tieferen Sinne?

Im Jahr 1923 gab es in Chicago ein besonderes Ereignis, das uns zu denken geben sollte: Die zu jener Zeit neun reichsten Männer der Welt waren im *Edgewater Beach Hotel* zusammengekommen. Nach dem Treffen gingen die Männer wieder auseinander und jeder lebte sein Leben weiter. Jeder war gewissermaßen seines Glückes eigener Schmied. 25 Jahre später machte sich jemand die Mühe nachzuforschen, was aus diesen Männern im Laufe ihres Lebens geworden war. Die Auflistung ist bemerkenswert:

- **Charles M. Schwab**, Inhaber des größten Stahlunternehmens in den USA, war bankrottgegangen und hatte seine letzten fünf Jahre von geliehenem Geld gelebt.

- **Samuel Insull**, Inhaber eines riesigen Energie- und Verkehrsunternehmens, war nach dem Crash seines Konzerns als armer Mann an einem Herzanfall gestorben.
- **Howard Hopson**, Inhaber der größten US-Gasgesellschaft, hatte den Großteil seines Vermögens verloren und lebte, körperlich und psychisch angeschlagen, in Zurückgezogenheit.
- **Arthur Cutten**, ein mächtiger Weizenspekulant, war bankrottgegangen und einige Monate, nachdem er wegen Steuerhinterziehung angeklagt worden war, an Herzschlag gestorben.
- **Richard Whitney**, Börsenhändler und später Präsident der New Yorker Börse, hatte über seine Verhältnisse gelebt und wegen Betrugs dreieinhalb Jahre im Gefängnis verbracht.
- **Albert Fall**, Mitglied der amerikanischen Regierung, hatte wegen Bestechung zehn Monate in Haft zugebracht.
- **Jesse Livermore**, einer der erfolgreichsten Spekulanten der Wall Street, hatte Selbstmord begangen.
- **Ivar Kreuger**, der schwedische „Zündholzkönig", war nach massiven Bilanzfälschungen bankrottgegangen und hatte sich erschossen.
- **Leon Fraser** war Präsident der Bank für Internationalen Zahlungsausgleich geworden, hatte sich aber zwei Jahre nach dem Tod seiner Frau wegen Depressionen umgebracht.

Hatten diese Männer Erfolg? Sie hatten – zumindest zeitweilig – jede Menge Geld, Macht und großes Ansehen. Nach dem Maßstab vieler Menschen waren sie zum Zeitpunkt ihres Treffens in Chicago dort angekommen, wo viele auch heute noch gerne hinmöchten. Ist das aber genug? Denn Lebenserfolg hatten sie offenbar nicht. Sie hatten nicht einmal dauerhaften wirtschaftlichen Erfolg. Sie hatten etwas Entscheidendes in ihrem Leben übersehen: Jesus oder die Komponente »Glaube«. Sie hatten die Ewigkeit außer Acht gelassen.

Auch Haushalte sind Wirtschaftseinheiten

In christlichen Kreisen der englischsprachigen Welt gibt es heute den Begriff *Kingdom Company*. Andere reden von einer *God@Work Company*. Im Deutschen spricht man im Allgemeinen von einem »Reich-Gottes-Unternehmen«. Vielleicht ist der Begriff »ProJesus-Unternehmen« etwas griffiger. Gemeint ist immer das Gleiche, nämlich ein Unternehmen, das als Ziel die Ehre Gottes hat und nach biblisch fundierten Grundsätzen geführt wird. Im adventistischen Kontext könnte man auch von einer *Supporting Company* sprechen – ähnlich dem *Supporting Ministry*, das eine rechtlich und wirtschaftlich von der Kirchenleitung unabhängige Einrichtung bezeichnet, die jedoch die Kirchenleitung in ihrem Auftrag, die Dreifache Engelsbotschaft zu verkündigen, unterstützt. Eine *Supporting Company* ist folglich ein Unternehmen, das die Mission der Adventgemeinde unterstützt.

Im erweiterten Sinne ist jedoch auch jede Familie bzw. jeder Haushalt eine Wirtschaftseinheit, ein kleines Unternehmen. Denn auch hier geht es um Einkommen und Ausgaben, um Budgets, Investitionen und Überlebensstrategien. Das wirtschaftliche Handeln einer Familie mag sich im Vergleich zu einem Unternehmen in einem kleineren Rahmen abspielen, doch viele der Prinzipien wirtschaftlichen Handelns sind bei genauerem Hinsehen erstaunlich ähnlich. In dem Sinne können wir also auch von ProJesus-Familien oder ProJesus-Haushalten sprechen.

Das Wort Gottes zeigt uns einen wichtigen Zusammenhang zwischen ProJesus-Familien und ProJesus-Unternehmen. Vielleicht haben wir diese Verbindung bisher oft übersehen. Paulus schreibt über den Gemeindeleiter: »Er muss ein guter Familienvater sein und Kinder haben, die ihn achten und ihm gehorchen. Denn wenn jemand seine eigene Familie nicht zu leiten versteht, wie kann er dann die Sorge für die Gemeinde Gottes übernehmen?« (1Tim 3,4.5; GN) Damit bringt die Bibel zum Ausdruck, dass wir als Christen zunächst in der Lage sein müssen, den kleineren Bereich der Familie gut zu leiten, bevor uns eine größere Aufgabe übertragen werden kann. Dies trifft sicher nicht nur auf die Leitung einer Gemeinde zu, sondern auch auf leitende Tätigkeiten in Unternehmen. Leider wird heute bei vielen eine strikte Trennung zwischen Familie und Beruf gemacht. Jeder Personalleiter weiß jedoch, dass die Leistung im Unternehmen dann beeinträchtigt wird, wenn es in der Familie nicht stimmt. Es gibt also vielfältige Verbindungen zwischen einem ProJesus-Haushalt und einem ProJesus-Unternehmen.

Aber ob Unternehmer, Selbstständiger oder Privathaushalt: Als adventgläubige Christen haben wir alle das Vorrecht und die Aufgabe, Jesus Christus im Alltag – gewissermaßen auf dem Marktplatz des Lebens – zu bezeugen und mitzuhelfen beim Werk der Seelenrettung. Wir brauchen Geld zum Leben, und wir brauchen Geld für jede Form missionarischer Tätigkeit. In einem ProJesus-Unternehmen und in einem ProJesus-Haushalt wird die Beziehung zwischen Glauben und Geld besonders augenfällig.

Und dann ist da noch eine Überlegung: In einer Zeit wirtschaftlicher Unsicherheit verwischen sich die Grenzen zwischen dem Status eines Angestellten und eines Unternehmers ohnehin. So mancher, der seinen Arbeitsplatz verliert, macht sich selbstständig oder denkt zumindest darüber nach; und so mancher Angestellte überlegt, wie er das Haushaltseinkommen durch eine nebenberufliche Selbstständigkeit aufbessern kann. Gerade unter diesem Aspekt ist es wichtig, dass wir wissen, welche positive Rolle Gott bzw. unser biblischer Glaube und unsere Beziehung zu Gott dabei spielen können. Schon im Jahr 1892 hatte der Harburger Gummiarbeiter Berthold Kohlhaus diese Erfahrung gemacht. Als er Adventist wurde und nun am Sabbat nicht mehr arbeitete, verlor er seinen Arbeitsplatz. Von der Not diktiert machte er sich selbstständig. Er produzierte einen Säuglingsflaschenverschluss aus Gummi – eine eigene Erfindung. Gott segnete ihn in der Folge mit finanziellem Wohlstand.[1] Warum sollte das nicht auch

1 - Vgl. Gerhard Padderatz: *Conradi und Hamburg: Die Anfänge der deutschen Adventgemeinde* (1978), 109.

heute geschehen? Dabei sollte allerdings nicht das Streben nach Wohlstand im Mittelpunkt unseres Handelns stehen.

Eine Selbstständigkeit hat so manche Vorteile – gerade für Adventisten. Das im Neuen Testament erwähnte und zur christlichen Urgemeinde gehörende Ehepaar Aquila und Priszilla hatte ein Unternehmen für Planen, Segel und Zelte. Sie führten es offenbar als ProJesus-Unternehmen. Sie boten Paulus nämlich Arbeit und damit eine wirtschaftliche Grundlage für seine Missionsarbeit. Wir wissen, dass er in Korinth als selbstunterhaltender »Zeltmacher-Missionar« tätig war. Das Zuhause des Unternehmerehepaares war ein Stützpunkt für den Gemeindeaufbau und Ort einer Hausgemeinde. Außerdem gaben die beiden selbst Bibelstunden. Man kann davon ausgehen, dass sie sich auch finanziell an der Verkündigung des Evangeliums beteiligten. Ferner wissen wir, dass Paulus in seiner Zeit in Korinth Timotheus, Silas und andere, aber auch Aquila und Priszilla theoretisch und praktisch als Missionare ausbildete. Wir können hier also von einer Laien-Missionsschule sprechen. Wir wollen später noch einmal auf dieses gesegnete Unternehmen zurückkommen.

Die Wirtschaft bzw. jedes Geschäftsleben ist ein besonderes Schlachtfeld Satans. Unsere Welt wird immer komplexer und komplizierter. Jede Form von Gelderwerb wird heute von einem harten Wettbewerb bestimmt. Oft werden unfaire und unehrliche Praktiken eingesetzt, um viel Geld zu verdienen, die Nase vorn zu behalten oder einfach nur zu überleben. Viele Angestellte, aber besonders Führungsleute und Unternehmer oder Selbstständige engagieren sich hierfür bis zum Äußersten. Gerade in dieser Zeit und angesichts eines Drucks, der manche ethischen Grenzen verwischt, ist es wichtig, dass wir uns als Adventisten und speziell als christliche und adventistische Geschäftsleute darüber im Klaren sind, was wir tun und warum wir es tun. Wir sollten die geistliche Dimension, d. h. unsere Beziehung zu Gott, nie außer Acht lassen. Außerdem wollen wir uns gegenseitig ermutigen.

Das gilt für uns alle. Es betrifft alle Bereiche des Berufslebens, ja, des Lebens überhaupt. Wir müssen und können die Hilfe

Gottes suchen und in Anspruch nehmen, wenn wir ihm mit voller Hingabe dienen möchten. Die Umgestaltung eines gewöhnlichen Haushalts oder Unternehmens in einen ProJesus-Haushalt bzw. ein ProJesus-Unternehmen ist der beste Weg dazu. Es gibt gute Beispiele dafür, wie einzelne Christen – innerhalb und außerhalb der Adventgemeinde – dies bereits geschafft haben. Da ein Haushalt oder Unternehmen an sich nicht christlich sein kann, sondern immer nur die Personen in ihm, sprechen wir vor allem von den verantwortlich handelnden Personen sowie den Inhabern von Unternehmen oder Geschäftsleuten im weiteren Sinne. Dazu gehören natürlich auch und in besonderem Maße Selbstständige, Freiberufler sowie Leiter gemeinschafts- oder kircheneigener Einrichtungen und freier Missionswerke. Zu den Selbstständigen und Freiberuflern zählen wir selbstverständlich auch Ärzte mit eigenen Praxen, selbstständige Rechtsanwälte, Steuerberater, Apotheker, Unternehmensberater, IT-Berater etc.

Natürlich sind auch ein ProJesus-Haushalt und gerade ein ProJesus-Unternehmen harten ökonomischen Realitäten und dem wirtschaftlichen Wettbewerb unterworfen. Daher sind auch hier gesunder Menschenverstand und unternehmerische Qualitäten sowie Einsatz und Fachwissen absolut erforderlich. Es mag gelegentlich Ausnahmen geben. Dazu gehört etwa der Aufbau des weltweiten Medienunternehmens *3ABN* (*Three Angels Broadcasting Network*) durch den adventistischen Bauunternehmer Danny Shelton (im Jahr 2008: 120 Fernsehstationen und 11 Satelliten)[2]. Aber das war eine Ausnahme. Hier handelte es sich um eine klare Führung Gottes gegen fast jede Vernunft.[3]

Auch in ProJesus-Haushalten und ProJesus-Unternehmen, die unter der Führung Gottes stehen, können Schwierigkeiten auftreten. Auch Israel saß trotz einer klaren Führung durch Gott unverschuldet in einer Falle, als ihm das Rote Meer den Weg versperrte. Doch Gott hatte dies zugelassen. Nicht damit das Volk durch die übermächtige ägyptische Armee vernichtet wird, sondern damit es eine gewaltige

2 - *3ABN World*, Aug. 2008.

3 - Vgl. *www.missionsbrief.de* – »Große Erfahrungen«.

Erfahrung mit Gott machen konnte (vgl. 2Mo 14). Als Israel später allerdings von den Gibeonitern hereingelegt wurde, war dies selbstverschuldet, denn sie »befragten den Mund des HERRN nicht« (Jos 9,14). Das Entscheidende in guten und in schweren Tagen ist, dass Gott mit uns ist und wir an seiner Seite bleiben. Es gibt in jedem Haushalt und in jedem Unternehmen Situationen, in denen man ohne die Hilfe Gottes auf verlorenem Posten steht.

Natürlich kann das wichtige Thema der christlichen Haushalterschaft und Unternehmensführung in diesem Buch nicht erschöpfend behandelt werden. Hier sollen nur einige wesentliche Aspekte beleuchtet werden. Für ein tiefer gehendes Studium sei auf die Literatur und die Websites am Ende des Buches verwiesen (Seite 193). Es ist schwer, allgemeingültige Regeln aufzustellen, die immer und überall anwendbar sind. Daher beschränkt sich dieses Buch auf biblische Grundlinien und einige wichtige Prinzipien.

Jeder Haushalt, jedes Unternehmen und jede Unternehmerpersönlichkeit ist anders. Jeder hat die Freude und die Last der Entscheidung. Oft ist es hilfreich, sich als Christen und besonders als christliche Geschäftsleute auszutauschen. Man teilt anderen sein eigenes Wissen mit und erwirbt umgekehrt Wissen von anderen. Diese Möglichkeit besteht gerade für adventistische Geschäftsleute durch ASI (**A**dventistische **S**elbstunterhaltende **I**nstitutionen und Unternehmen e. V.). ASI ist ein Zusammenschluss von Unternehmern, Geschäftsleuten, akademischen Dienstleistern sowie Missionswerken und -gruppen, die sich der Verkündigung der Adventbotschaft und dem Werk der Seelenrettung verschrieben haben. ASI wurde im Jahr 1947 in den USA offiziell gegründet. Heute gibt es auch in Europa in über 15 Ländern nationale ASI-Verbände.[4]

Wo die Akzente gesetzt werden

Den stärksten Einfluss auf einen Haushalt übt natürlich der Haushaltsvorstand aus. Das muss nicht immer ein Mann sein. Bei

4 - Mehr zu ASI am Ende von Teil II.

einem Unternehmen ist es natürlich der Inhaber oder die Inhaberin (bzw. die Inhaber, wenn es mehrere sind). Der Volksmund sagt: Der Fisch stinkt vom Kopfe her. Das gilt positiv wie negativ. Aber zu einem gewissen Grad können auch gläubige Mitarbeiter, insbesondere leitende Angestellte, Einfluss auf das Unternehmen ausüben, für das sie arbeiten. Deshalb wollen wir neben den Haushaltsvorständen diese Personengruppe in unsere Ausführungen bewusst mit einbeziehen. Denken wir an Josef als Sklave in Potiphars Haus. Über ihn heißt es: »Josef wurde hinab nach Ägypten geführt … *Und der HERR war mit Josef, sodass er ein Mann wurde, dem alles glückte* … Und sein Herr sah, dass der HERR mit ihm war; denn alles, was er tat, das ließ der HERR in seiner Hand glücken … [Sein Herr] setzte ihn über sein Haus; und alles, was er hatte, tat er unter seine Hände … und von der Zeit an … segnete der HERR des Ägypters Haus um Josefs willen, und es war lauter Segen des HERRN in allem, was er hatte, zu Hause und auf dem Felde.« (1Mo 39,1-5; Hervorhebungen in Bibeltexten hinzugefügt)

Und so war es auch später im Gefängnis: »Aber der HERR war mit ihm und neigte die Herzen zu ihm und ließ ihn Gnade finden vor dem Amtmann … sodass er ihm alle Gefangenen im Gefängnis unter seine Hand gab und alles, was dort geschah, durch ihn geschehen musste. Der Amtmann … kümmerte sich um nichts; denn *der HERR war mit Josef, und was er tat, dazu gab der HERR Glück.*« (1Mo 39,21-23)

In diesem Zusammenhang sollten wir auch an den Einfluss denken, den die junge Gefangene in Naemans Haushalt ausübte (2Kön 5,1-4). Ihre liebevolle Haltung und ihr mutiges Gottvertrauen führten zur Bekehrung eines Feldmarschalls und letztlich – davon bin ich überzeugt – auch zu ihrer eigenen Freilassung, nämlich aus der überströmenden Dankbarkeit ihres Herrn für seine Genesung. Wahrscheinlich hat er sie sogar persönlich nach Hause gebracht. Gerade an diesem Beispiel sehen wir, dass jeder mit Gottes Hilfe einen guten Einfluss ausüben kann.

Für eine ProJesus-Familie bzw. einen ProJesus-Haushalt ist es ebenso wie für ein ProJesus-Unternehmen von ausschlaggebender Bedeutung, dass die Schlüsselpersonen in einer innigen Beziehung zu Gott stehen. *»Der Herr war mit Josef.«* Das war der Schlüssel seines Erfolgs. Oder denken wir an Abraham. Warum hat ihn der Herr erwählt? »Denn dazu habe ich ihn ausersehen«, sagte Gott, »dass er seinen Söhnen und seinem ganzen Haus nach ihm ans Herz lege, den Weg des Herrn innezuhalten, indem sie Gerechtigkeit und Recht üben, damit der Herr für Abraham alles in Erfüllung gehen lasse, was er in Bezug auf ihn verheißen hat.« (1Mo 18,19; Menge-Übersetzung)

Denken wir auch an Josua, der nach seinem großen Lebenserfolg sagte: »Von allen Segensverheißungen, die der Herr dem Hause Israel gegeben hatte, war keine einzige unerfüllt geblieben; alle waren eingetroffen.« (Jos 21,45; Menge) Aus diesem Grund stellte er das Volk in seiner letzten Ansprache vor die grundsätzliche Entscheidung, wem es dienen wollte. Für sich selbst betonte er: »Ich aber und mein Haus, wir wollen dem Herrn dienen.« (Jos 24,15; Menge) Als Josua die Nachfolge Moses übernahm, war er von Angst erfüllt. Der Herr gab ihm deshalb eine große Verheißung. Das Wunderbare ist, dass diese auch uns gilt: »Nur sei stark und fest entschlossen, auf die Beobachtung aller Weisungen des Gesetzes [der Bibel] bedacht zu sein, das mein Knecht Mose dir zur Pflicht gemacht hat; weiche davon weder nach rechts noch nach links ab, *damit du bei allen deinen Unternehmungen glücklichen Erfolg hast*. Höre nicht auf, von diesem Gesetzbuch [der Bibel] zu reden, und sinne Tag und Nacht darüber nach, damit du auf die Beobachtung alles dessen, was darin geschrieben steht, bedacht bist; *denn alsdann wirst du glücklichen Erfolg bei deinen Unternehmungen haben, und alsdann wird dir alles gelingen*. Ich habe dir also zur Pflicht gemacht: Sei stark und entschlossen! Habe keine Angst und verzage nicht! Denn *mit dir ist der Herr, dein Gott, bei allem, was du unternimmst.«* (Jos 1,7-9; Menge)[5]

---

5 - Vgl. auch Ellen White: *Glück fängt zu Hause an*, und Donna J. Habenicht: *Wie man Kindern Werte vermittelt.*

Wirtschafts-Missionare

Gottes Wort fordert uns auf: »Und alles, was ihr tut mit Worten oder mit Werken, das tut alles in dem Namen des Herrn Jesus und danket Gott, dem Vater, durch ihn.« (Kol 3,17) Das schließt das gesamte Berufs- und Geschäftsleben mit ein. Das bedeutet auch, dass wir mit der Hilfe Gottes seine Botschafter in der Wirtschaftswelt sein dürfen, sollen und können. Der Herr will uns zu Wirtschafts-Missionaren machen. Unser Haushalt und unser Unternehmen kann und soll gleichzeitig eine Wirtschaftseinheit und ein Missionswerk sein.

»Wo immer unsere Begabungen liegen mögen, was immer unsere Ausbildung oder unser beruflicher Hintergrund sein mag, unsere erste Berufung ist es, hier auf der Erde Gottes Werk zu tun.«[6] Das bedeutet u. a., dass die Produkte, die wir herstellen, oder die Dienstleistungen, die wir erbringen, von hoher Qualität sein müssen und dass wir unseren Kunden oder sonstigen Geschäftspartnern, d. h. allen, mit denen wir in wirtschaftlicher Hinsicht zu tun haben, einen Nutzen oder Mehrwert bieten. Es bedeutet aber auch, dass wir lernen, unseren Nächsten – nämlich unseren Mitarbeiter oder Kollegen, unseren Kunden, unseren Lieferanten usw. – als »Kandidaten für den Himmel« zu sehen. So hat es ja der große adventistische Evangelist und Missionar V. W. Schoen gern formuliert. Immer mehr christliche Unternehmenslenker erkennen, dass ihr Unternehmen nicht in erster Linie zum Geldverdienen da ist, sondern dass es ihnen eine Plattform gibt für die Verkündigung des Evangeliums und für die Unterstützung der Mission. So sehen es auch immer mehr Einzelpersonen oder Haushaltsvorstände. Gerade Beziehungen am Arbeitsplatz und in der Nachbarschaft eignen sich dazu, die Botschaft Gottes weiterzugeben.

Besonders Geschäftsleute sind in der Regel geübte Organisatoren. Deshalb können gerade sie Missionsprojekte inspirieren

6 - Bruce Wilkinson: *Das Gebet des Jabez*, 39.

oder aufbauen oder unterstützen. Bedenken wir: »Wer den Sohn hat, der hat das Leben; wer den Sohn Gottes nicht hat, der hat das Leben nicht.« (1Joh 5,12) »In keinem andern ist das Heil, ist auch kein andrer Name unter dem Himmel den Menschen gegeben, darin wir sollen selig werden.« (Apg 4,12) »Das Wissen, dass Milliarden von Menschen nicht einmal den Namen Jesu gehört haben, sollte jeden Christen anspornen, alles dafür zu tun, um das Evangelium weltweit zu verbreiten.«[7] »Die Überzeugung, dass Menschen verloren gehen, wenn sie nicht das Evangelium hören, hat Tausende Missionare in Länder gehen lassen, in denen der Name Christi unbekannt war.«[8]

Im Jahr 1999 brachte die führende amerikanische Wirtschaftszeitschrift *Business Week* eine Titelgeschichte über die zunehmende Spiritualität in der amerikanischen Unternehmenskultur.[9] Zwei Jahre später, also im Jahr 2001, veröffentlichte auch die Nr. 2 unter den US-Wirtschaftszeitschriften, *Fortune*, einen groß aufgemachten Artikel zu diesem Thema.[10] Beide Zeitschriften beschäftigten sich mit dem geistlichen Erwachen in amerikanischen Unternehmen. Auch deutsche Wirtschaftszeitschriften, etwa *Capital*, berichten immer wieder über das Thema »Manager und Religion«.

Dies ist einerseits eine erfreuliche Entwicklung. Andererseits ist es sicher angebracht, den Begriff »Spiritualität« in diesem Zusammenhang näher zu beleuchten und ihn nach seinem biblisch-christlichen Inhalt abzuklopfen. Denn inzwischen wissen wir, dass sich hinter dem modernen Konzept der Spiritualität auch so manches Gedankengut verbirgt, das aus dem New Age

7 - Gerhard Pfandl: *Die Gabe der Weissagung*, 26. – Kapitel 1 gibt von S. 17-26 einen ausgezeichneten Überblick über das Schicksal der Menschen, die das Evangelium nicht gehört haben.

8 - Ebd., 21.

9 - *»Religion in the Workplace: The growing presence of spirituality in Corporate America«*, 1. Nov. 1999, *www.businessweek.com/datedtoc/1999/9944.htm*.

10 - *»God and Business: The Surprising Quest for Spiritual Renewal in the American Workplace«*, *money.cnn.com/magazines/fortune/fortune_archive/2001/07/09/306536/index.htm*.

kommt. Tatsache ist jedenfalls, dass die Wirtschaftswelt entdeckt hat, dass der Mensch »nicht vom Brot allein« lebt, d. h., dass es neben der materiellen noch eine geistliche Dimension gibt, die auch für das nüchterne Geschäftsleben eine Rolle spielt.

Jesus sagt: »Trachtet am ersten nach dem Reich Gottes und nach seiner Gerechtigkeit, so *wird euch solches alles zufallen.«* (Mt 6,33) Das zeigt, dass Jesus uns in unserem Leben deutliche Vorteile geben, zumindest aber *Erleichterung* verschaffen will. Dies hat nicht nur Auswirkungen auf unser eigenes Leben, sondern auch auf unsere Familie, die Gemeinde und die Mission.

Dass in Amerika Glaube und Geld durchaus zusammenpassen, überrascht uns nicht. Wie aber sieht es in Deutschland aus? Grundsätzlich gehen wir ja davon aus, dass man gerade auf der Führungsebene von Unternehmen nicht an Gott glaubt. Hier ist jedoch eine erfreuliche und zugleich traurige Nachricht zu diesem Thema: Zwei Drittel (66 Prozent) der mittelständischen Unternehmer in Deutschland glauben an Gott. Das geht aus einer Umfrage hervor, die das Forsa-Institut unter 508 Teilnehmern im Auftrag des Wirtschaftsmagazins *Impulse*[11] kürzlich durchgeführt hat. Fast drei Viertel (73 Prozent) der Unternehmer, die an Gott glauben, gaben allerdings an, ihr Glaube spiele bei den eigenen unternehmerischen Entscheidungen keine bedeutende oder nur eine geringe Rolle. Ein Widerspruch zwischen der Gewinnmaximierung in der Wirtschaft und dem Glauben an Gott besteht lediglich für gut ein Viertel (28 Prozent) der gläubigen Befragten.[12]

Impulse veröffentlichte diese Ergebnisse unter dem Titel: »Wo ist Gott in Ihrer Firma?«[13] In einer Ankündigung des Beitrags hieß es dazu: »In den deutschen Chefbüros wird gebetet wie nie zuvor, und das nicht erst seit Beginn der Finanzkrise. Veranstaltungen für christliche Unternehmer erleben einen ungeheuren Zulauf. Warum haben so viele Chefs ihre Managementbücher beisei-

11 - Jan. 2009.

12 - *CiW Wirtschaftsnachrichten*, 17.12.2008.

13 - *www.impulse.de/heft/archiv/1000377.html?show=imp_200901*.

tegelegt und studieren jetzt die Bibel? Welche Auswirkungen hat die Renaissance des Glaubens auf ihr Unternehmen? Und: Was wird aus ehrbaren Werten in Zeiten, in denen die Aufträge wegbrechen?« Und der Artikel selbst beginnt mit den Worten: »Die Zehn Gebote sind ihnen wichtiger als jede Strategie: Auf der Suche nach Orientierung in schwierigen Zeiten entdecken Unternehmer Werte, manche auch den Glauben.«

Missionarischer Einsatz trotz Zeitmangel: Ein Beispiel aus den USA

Der adventistische Unternehmer Raymond J. Hamblin – er lebt im Bundesstaat Michigan – war der Auffassung, dass er neben dem Aufbau seiner Druckerei keine Zeit für persönliche Missionsaktivitäten habe. »Du solltest in deiner Stadt ein Offenbarungs-Seminar halten«, sagte eines Tages ein Glaubensbruder zu ihm. Raymond Hamblin lehnte ab. Er hatte keine Zeit. Er musste ja seine Firma aufbauen. Dabei arbeitete er hart – an manchen Tagen sogar bis zu 18 Stunden. Er hatte sich selbst davon überzeugt, dass es für ihn völlig unrealistisch sei, sechs Wochen lang, jeweils an drei Abenden pro Woche, ein Offenbarungs-Seminar zu halten.

Doch der Heilige Geist sprach zu seinem Herzen. Raymond Hamblin konnte die Angelegenheit nicht aus seinem Kopf verbannen. Vier Wochen später nahm er an einer ASI-Tagung teil. Danach kam wie nie zuvor ein Eifer für Gott bei ihm auf. Er begann zu beten und Gott zu fragen, was er tun solle. Innerhalb von zwei Monaten führte er dann mit Hilfe seiner Frau und seiner Ortsgemeinde ein Offenbarungs-Seminar durch: drei Abende pro Woche, sechs Wochen lang. Und was geschah danach? Er wurde so gepackt, dass er ein Jahr später sogar drei Offenbarungs-Seminare abhielt. Als der erste Teilnehmer getauft wurde, empfand er eine Freude, die er zuvor noch nicht erlebt hatte. Insgesamt wurden – nicht zuletzt durch seinen Einsatz –

15 Menschen getauft. Und was war mit seinem Unternehmen? Erstaunlicherweise wuchs es, obwohl er wesentlich weniger arbeitete. Raymond Hamblin hatte gedacht, er habe keine Zeit. Doch sein Problem löste sich, als er im Glauben nach dem Wort handelte: »Trachtet am ersten nach dem Reich Gottes ...« Durch Gottes Gnade erlebte er mit seiner Firma: » ... so wird euch solches alles zufallen«.[14]

Es ist wichtig, dass auch wir solche Erfahrungen machen – vielleicht zum ersten Mal. Aber vielleicht müssen wir auch nur unsere Erfahrungen mit Gott auffrischen. Wir werden dann ähnlich wie Petrus erleben, was wir uns vorher nicht vorstellen konnten: »Du wirst es aber hernach erfahren.« (Joh 13,7)

Standortermittlung

Wenn es auf dem Weg zum ProJesus-Haushalt bzw. -Unternehmen eine Skala von 0 bis 10 gäbe, wo würdest du dich im Augenblick einordnen?

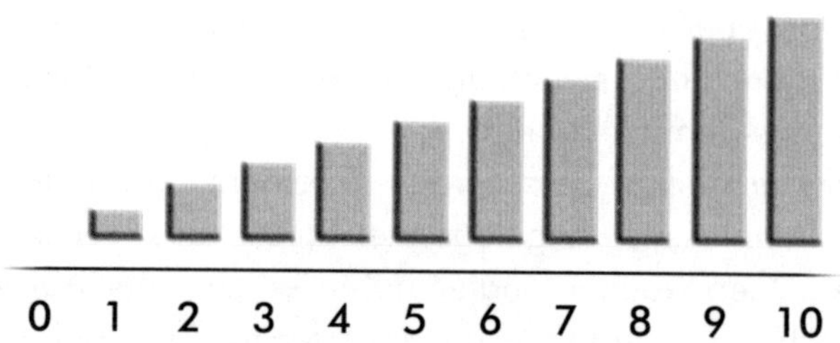

Es gibt sicher keinen adventistischen Haushaltsvorstand und keinen adventistischen Unternehmer, der in der Umgestaltung zu ProJesus bei »0« beginnen müsste. Unsere Glaubenshaltung wirkt sich ja immer mehr oder weniger stark auch auf unser wirtschaftliches und berufliches Handeln und unser unternehmerisches

14 - Ronald A. Knott: *Over and Over Again* (1998), 54.

Umfeld aus. Andererseits gibt es wohl auch niemanden, der sich eine »10« geben könnte. Wir sollten uns die Frage stellen: Entsprechen unsere Maßstäbe eher denen Gottes oder denen der Welt? Was sagt dir deine Antwort über dich und deinen Glauben?

Viele mögen sich an dieser Stelle fragen: Welche konkreten Schritte muss ich unternehmen, um bei der Umwandlung meines Haushalts oder Unternehmens in einen ProJesus-Haushalt bzw. in ein ProJesus-Unternehmen zusammen mit Gott voranzugehen? Dabei sei im Voraus erwähnt, dass es gut wäre, alle der nachfolgenden Punkte zu berücksichtigen. Bei der Umsetzung sollte man allerdings Schritt für Schritt vorgehen, und zwar unter Gebet und mit der gebotenen Klugheit.

2. Eigentümer oder Verwalter?

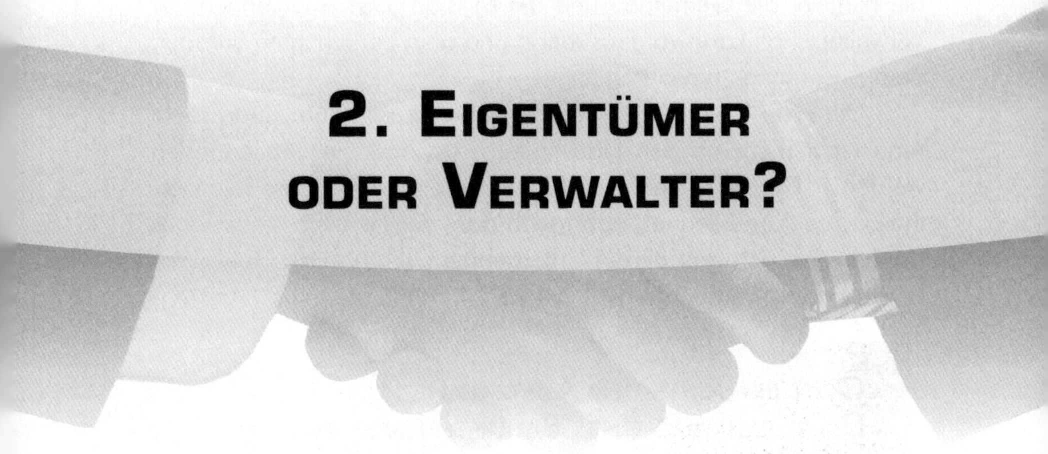

Was gehört uns wirklich?

Was gehört uns wirklich? Die Bibel gibt uns die Antwort: »Denn mein ist das Silber, und mein ist das Gold, spricht der HERR Zebaoth.« (Hag 2,8) Und an anderer Stelle heißt es: »Die Erde ist des HERRN und was darinnen ist, der Erdkreis und die darauf wohnen.« (Ps 24,1) Gott hat die Erde geschaffen. Daher ist er der Eigentümer. Wir sind lediglich Verwalter, und zwar in seinem Auftrag: »Und Gott segnete sie und sprach zu ihnen [zu Adam und Eva und damit stellvertretend zu uns Menschen]: Seid fruchtbar und mehret euch und füllet die Erde und machet sie euch untertan und herrschet über die Fische … die Vögel … und über das Vieh.« (1Mo 1,28)

Was wir besitzen, gehört nicht uns, sondern Gott: unser Haus, unser Auto, unser Unternehmen, unser Bankkonto – alles. Wir sind lediglich Gottes Verwalter. Diese Erkenntnis macht uns jedoch nicht ärmer. Sie ist keinesfalls ein Grund, frustriert zu sein. Im Gegenteil: Da Gott in der Lage ist, für sein Eigentum zu sorgen und es zu beschützen, führt das Anerkennen dieser grundlegenden biblischen Einstellung zur Entlastung von Sorgen. Außerdem führt es zu größerer Freiheit im Umgang mit der Zeit. Jeder, der das erkannt hat, also auch jeder Inhaber eines Unternehmens, hat mehr Zeit für die Familie, die Gemeinde und die Mission. Das Anerkennen der Verwalterschaft kann vor Frustration und dem berüchtigten *Burnout*, dem Ausbrennen bewahren.

Die erste Erwartung an einen Verwalter ist Treue: »Nun sucht man nicht mehr an den Haushaltern, als dass sie treu erfunden werden.« (1Kor 4,2) Der Wirtschafts-Missionar weiß, dass sein Herr ihn begleitet und segnet, aber auch dass der Herr ihn eines Tages fragen wird: »Ich gab dir ein Unternehmen, ich gab dir Geld. Was hast du damit gemacht?« (vgl. Mt 25,14-30)

GOTT BRAUCHTE DEN AUFTRAG NICHT: DIE ERFAHRUNG EINES BAUUNTERNEHMERS

Ein adventistischer Bauunternehmer in Süddeutschland hörte in einer Predigt, dass Gott der große Eigentümer aller Dinge ist, die wir besitzen, und dass wir nur seine Verwalter sind. Diese Erkenntnis bewirkte in ihm ein Gefühl großer Erleichterung. Ihm war nämlich gerade ein bestimmter Großauftrag entgangen, den er bisher regelmäßig jedes Jahr erhalten und mit dem er folglich fest gerechnet hatte. Aufgrund seiner neuen Erkenntnis sagte er nun: »Lieber Gott, wenn du diesen Auftrag dieses Jahr für deine Firma nicht brauchst, dann hast du sicher einen anderen.« Kurz darauf besuchte ihn ein Architekt, um mit ihm über drei andere Aufträge zu sprechen, sogar noch größere als der, den er gerade nicht erhalten hatte. Es ging um den Bau bzw. Umbau von drei kirchlichen Einrichtungen. Tatsächlich erhielt er etwas später diese Aufträge. Das Geschäftsjahr entwickelte sich außerordentlich positiv, und alles geschah ohne jede Hektik. Was aber war mit dem entgangenen Großauftrag, der nun einem Wettbewerber zugefallen war? Wegen einer beginnenden Rezession war er noch vor der Realisierung storniert worden. Da der Wettbewerber des adventistischen Bauunternehmers alles auf diesen einen Großauftrag konzentriert hatte und sich nicht schnell genug Ersatzaufträge beschaffen konnte, schrammte er nur knapp an einem Konkurs vorbei.

Vier Monate Vorwarnung: Die Erfahrung einer Unternehmensberatung

Da Gott die Zukunft kennt, ist es äußerst hilfreich, ihn als Eigentümer und Kopf des Unternehmens zu haben. Welchen konkreten Nutzen das haben kann, zeigt eine Erfahrung, die Christiane Theiss erzählt. Sie ist heute geschäftsführende Gesellschafterin einer kleinen internationalen Unternehmensberatung und Präsidentin von ASI Schweiz:

> Das Investment in die letzten sieben Jahre hatte gerade begonnen sich auszuzahlen: Fast Tag und Nacht war ich unterwegs, Kunden zu akquirieren, Interviews zu führen, Berichte zu schreiben und die Präsentation von Kandidaten für die Besetzung von Führungspositionen beim Kunden zu begleiten. Durch meinen Wechsel zu einem adventistischen Arbeitgeber hatte ich als Personalberater endlich eine Aufgabe gefunden, die meinen Neigungen und Fähigkeiten in idealer Weise entsprach. Und mit dem Geschäftsführer und damaligen Alleingesellschafter hatte ich einen exzellenten Tutor und Coach. Speziell in den vorangegangenen zwei Jahren hatte unser Business so richtig zu boomen angefangen. Von einem Zwei-Mann-Unternehmen waren wir auf mittlerweile acht Mitarbeiter gewachsen, hatten zwei Jahre zuvor neue Büroräume in der Peripherie von Frankfurt bezogen, und mein neuer Firmenwagen war gerade fünf Monate zuvor ausgeliefert worden.
>
> Wir profitierten vom Aufschwung der sogenannten »Dotcom-Unternehmen«, die vor allem Internet-Dienstleistungen anboten. Solche Startup-Firmen schossen seit der Privatisierung der Deutschen Telekom im Jahr 1996 allerorts wie Pilze aus dem Boden. Ich hatte mich auf die Betreuung dieser Branche, der IT und Telekom, spezialisiert und war jetzt dabei, die Früchte für die Arbeit der letzten Jahre einzufahren.
>
> Wie jedes Jahr machte ich mich im März auf den Weg nach Hannover, um auf der CeBIT, der weltgrößten Computermesse, meine Kunden zu besuchen. Aber dieses Mal war

die Stimmung anders als sonst. Dunkle Wolken waren über dem Dotcom-Himmel aufgezogen. Meine Kunden waren längst nicht mehr so ausgelassen und optimistisch, wie man das sonst zur CeBIT gewohnt war. Es lag sprichwörtlich »etwas in der Luft«. Und so häuften sich bereits kurz nach der CeBIT die Nachrichten über Verluste an den Börsen. Auch wir als Beratungsunternehmen sollten von diesem Abschwung nicht verschont bleiben. In den folgenden Wochen kamen mehrere unserer Kunden direkt zu uns ins Büro. Das war ungewöhnlich, da normalerweise wir diejenigen waren, die die Kunden vor Ort besuchten. Sie teilten uns mit, dass sie aufgrund der aktuellen, unsicheren Lage Vorsichtsmaßnahmen einleiten wollten. Es lag auf der Hand, dass hiermit zuallererst die Suche nach neuen Mitarbeitern gemeint war, die man nun »auf Eis legen« wollte.

Diese Maßnahmen trafen unser kleines Unternehmen direkt am Rückgrat. Innerhalb von nur zwei Wochen wurden 22 unserer Aufträge storniert. Das war mehr als das Auftragsvolumen für einen Berater, und zwar für ein ganzes Jahr. Der Schock traf uns tief. Wir wussten, wir mussten handeln. Die meisten unserer Branchenkollegen wiegelten allerdings ab. »Jetzt sollte man erst einmal das Sommerloch abwarten. Im Herbst wird die Wirtschaft wieder boomen«, so auch einige Wirtschaftsanalysten. Natürlich machten wir uns Gedanken, ob wir als Unternehmen die Krise wirtschaftlich überleben könnten. Auf die Vorhersagen der Experten wollten wir uns jedoch nicht verlassen. Stattdessen wandten wir uns an den, der die komplette Weltgeschichte überblickt – inklusive der Wirtschaft. Wir gingen auf die Knie. Unser Gebet war, dass uns Gott ein Zeichen gäbe, ob wir unser Unternehmen in der bisherigen Form und Größe weiterführen sollten.

Unabhängig voneinander begannen wir um neue Aufträge zu beten, und zusammen beteten wir um einen neuen Auftrag innerhalb von zwei Wochen als positives Zeichen. Die kommenden zwei Wochen waren recht angespannt. Wir führten diverse Gespräche mit potenziellen Auftraggebern, aber es gab keinen echten Auftrag. Erst am 15. Tag war es dann soweit: Ein von mir versandtes Angebot wurde von einem meiner Kunden angenommen. Da war also der neue Auftrag! Aber erst nach 15 Tagen. Ein bisschen stellten wir uns nun schon die Frage: Sind zwei Wochen genau 14 Tage, oder können wir auch 15 Tage als zwei Wochen durchgehen lassen? Wann beginnen und enden zwei Wochen? Wir zögerten. Aber nicht lange. Wir entschieden uns, genau so zu handeln, wie wir es mit Gott abgemacht hatten, und den Auftrag am 15. Tag nicht als Gebetserhörung anzusehen.

Mittlerweile war es Ende Mai geworden, und so kündigten wir allen Mitarbeitern auf Ende September (alle hatten eine dreimonatige Kündigungsfrist), verhandelten mit dem Vermieter unseres Büros (wir hatten einen Fünf-Jahres-Vertrag) und boten unsere Firmen-PKW in der Zeitung zum Verkauf an. Weder unsere Mitarbeiter noch unsere Service-Partner konnten unsere Entscheidung verstehen. Aber wir begannen nun mit allem Engagement, unser Unternehmen auf Sparflamme herunterzufahren. Unsere Mitarbeiter hatten am 30. September ihren letzten Arbeitstag, und auch mit unserem Vermieter konnten wir uns auf eine vorzeitige Entlassung aus unserem Vertrag und einen Auszug zum 1. Oktober einigen. Zwischenzeitlich verkauften wir unsere Büromöbel und wickelten die restlichen Aufträge ab.

Als der 11. September 2001 hereinbrach und die Weltwirtschaft praktisch zum Stillstand kam, waren wir exzellent vorbereitet. Viele unserer Branchenkollegen hatten die Frühwarnung im Frühling 2001 nicht erkannt und hatten – in der Hoffnung auf eine herbstliche Wirtschaftsbesserung – so weitergemacht wie bisher. Auch wir hätten so gehandelt, hätte Gott uns nicht ein klares Zeichen gegeben. Das erkannten wir allerdings erst später. Übrigens: Kaum hatten wir uns aller Verpflichtungen entledigt, da erhielten wir nach und nach neue Aufträge. Sie halfen uns – gegen den Trend –, über die wirtschaftlich schwierige Phase hinwegzukommen. Danach haben wir unser Unternehmen nie wieder so groß aufgebaut, wie es war. Dennoch hat Gott uns in den letzen sieben Jahren genügend Aufträge gegeben, um wirtschaftlich gut zu überleben.

Wirtschaftlicher Durchbruch nach Eigentümerwechsel

Was passiert, wenn man seinen Betrieb Gott übergibt und sich selbst vom Eigentümer zum Verwalter herabstuft? Antwort: Nur Gutes. Gott lässt uns nicht im Stich. Im Gegenteil: Er segnet uns reichlich. Das auf jeden Fall war die Erfahrung von Sylvia Steinweber-Merkl und ihrem Mann Jürgen Merkl. Bis September war das Jahr 2006 für die beiden nicht so toll gelaufen. In der Einrichtung für Menschen mit psychiatrischen und Sucht-Erkrankungen bahnte sich ein Verlust an: Zu viele Therapieplätze auf dem Anwesen mit Landwirtschaft, Pferdezucht, Biogemüseanbau und Schreinerei waren nicht belegt. Außerdem stapelten sich die Rechnungen – u. a. für das deutlich teurer gewordene Heizöl.

An diesem Punkt gingen Sylvia und Jürgen auf die Knie, um ihren Therapiehof mit 8 Hektar Landwirtschaftsfläche und insgesamt drei Standorten in Oberbayern Gott zu übergeben. Was unmittelbar danach geschah, war fast unglaublich: Praktisch schlagartig änderte sich die wirtschaftliche Situation der Einrichtung mit ihren fast 20 Mitarbeitern und heute 30 Patienten. Die verbliebenen Monate des Jahres 2006 liefen fantastisch und brachten sogar noch einen beachtlichen Gewinn ein.

Gott ist der wirkliche Eigentümer unserer Unternehmen. Wird er eines Tages zu dir sagen: »Sehr gut, du bist ein tüchtiger und treuer Mann. Du hast dich in kleinen Dingen als zuverlässig erwiesen, darum werde ich dir auch Größeres anvertrauen«? (Mt 25,21; GN) Einige entscheidende Fragen könnten dabei sein: Hast du in das Leben anderer Menschen investiert? Für welche Werte hast du dich eingesetzt? Hast du Ewigkeitswerte geschaffen?

3. Gott als Geschäftspartner

Geld an sich ist nicht böse

Geld spielt in unserer Welt und besonders im Geschäftsleben eine wichtige Rolle. Daher widmen wir uns diesem Thema eingehend. Auch Jesus sprach häufig über Geld. Das bringt er in verschiedenen Gleichnissen zum Ausdruck. Jesus stellt Menschen, die wirtschaftlich erfolgreich handeln, als Vorbilder hin: »Herr, du hast mir fünf Zentner anvertraut; siehe da, ich habe damit andere fünf Zentner gewonnen. Da sprach sein Herr zu ihm: Ei, du frommer und getreuer Knecht, du bist über wenigem getreu gewesen, ich will dich über viel setzen; gehe ein zu deines Herrn Freude.« (Mt 25,20f.)[15] Daraus leiten wir ab: Auch für einen ProJesus-Haushalt und ein ProJesus-Unternehmen ist es notwendig und richtig, Geld zu verdienen bzw. Gewinn zu erwirtschaften. Geld und Gewinn sind jedoch nicht die obersten Ziele unserer Geschäftstätigkeit (bei gemeinnützigen oder Non-Profit-Unternehmen wird ja lediglich eine Kostendeckung angestrebt). Das übergeordnete Ziel ist die Ehre Gottes.

15 - Vgl. auch Lk 19,11-27.

Die materielle Versorgung der Haushaltsmitglieder bzw. des Inhabers eines Unternehmens und seiner Familie ist eine Folge der Berufung Gottes: Weil er uns berufen hat, wird er uns auch versorgen. Die Bibel kennt Berufungen in viele Tätigkeitsbereiche.[16] »Vielmehr wie einem jeglichen der Herr zugeteilt hat, wie einen jeglichen Gott berufen hat, so wandle er.« (1Kor 6,17) Aber die materielle Versorgung jener Personen, die von uns abhängig sind, also bei einem Unternehmen die Mitarbeiter, ist von gleicher Bedeutung.

UNSER GEBEN IST AUSDRUCK UNSERER LIEBE ZU GOTT

Jeder Haushalt und jedes Unternehmen kann durch Gaben und Beiträge die Ausbreitung des Reiches Gottes fördern. Der Herr will alle seine Kinder segnen. Das schließt natürlich auch Unternehmer oder Geschäftsleute mit ein. Unsere finanziellen Beiträge für die Ausbreitung des Evangeliums (Gaben) sind Ausdruck sowohl unserer Liebe zu Gott als auch unserer Treue in der Anerkennung Gottes als Eigentümer.

In dem Zusammenhang denken wir natürlich zuerst an den Zehnten. Doch es gibt noch andere Möglichkeiten, Gott unsere Liebe und unseren Dank für seine Segnungen zum Ausdruck zu bringen. Ein besonderer, wenn auch wenig bekannter Weg ist die Erstlingsgabe. Die Bibel verwendet einen Ausdruck, den wir kaum noch benutzen: »Erstlinge«. In den Sprüchen heißt es beispielsweise: »Ehre den HERRN mit deinem Gut und mit den Erstlingen all deines Einkommens, so werden deine Scheunen voll werden und deine Kelter von Wein überlaufen.« (Spr 3,9f.) Kann Gott uns eine größere Zusage machen?

Bei Unternehmen wird in der Regel zuerst der Umsatz ermittelt. Daher kann der Umsatz ein guter Ausgangspunkt für die Bemessung unserer Erstlingsgaben sein. Was für den Unternehmer gilt, kann aber auch im übertragenen Sinne auf

16 - Vgl. 1Kor 7,17-24.

jeden Haushalt angewendet werden. Was bringt der Unternehmer zum Ausdruck, wenn er einen Teil vom Umsatz generell als Erstlingsgabe abgibt? Im *Lexikon zur Bibel* heißt es dazu: »Das Erste ist immer Angeld des Ganzen. Durch die Darbringung des Ersten wird das Ganze geweiht. Wenn Israel seine Erstlingsgaben opferte, erkannte es an, dass alles dem Herrn gehört.«[17] Und Ellen White meint: »Schon ehe der Zehnte zurückgelegt werden konnte, hatte man Gottes Ansprüche anerkannt. Gott wurde jede Erstlingsfrucht der Ernte geweiht ... So wurde das Volk immer wieder daran erinnert, dass Gott der wahre Eigentümer ihrer Felder und Herden war ... sie also nur Verwalter seiner Güter waren ... Sie dankten dadurch öffentlich für Gottes Güte.«[18]

An anderer Stelle spricht Ellen White über den Zweck dieser besonderen Gabe: »Außer dem Zehnten fordert der Herr die Erstlinge unsres gesamten Einkommens. Er beansprucht sie für sich, damit sein Werk auf Erden reichlich unterstützt werden kann. Die Diener des Herrn sollen nicht durch eine dürftige Unterstützung behindert werden. Die Verkündigung der Worte des Lebens durch seine Boten darf nicht erschwert sein. Lehren sie die Wahrheit, dann müssen ihnen genügend Mittel zur Verfügung stehen, das Werk zur rechten Zeit zu fördern und den besten und segensreichsten Einfluss ausüben zu können. Barmherzigkeit muss geübt und den Armen und Leidenden geholfen werden. Gaben und Opfer dienen diesem Zweck. Das muss besonders in neuen Feldern geschehen, wo das Banner der Wahrheit noch nicht aufgerichtet ist. Täten Alt und Jung, die sich zu Gottes Volk zählen, ihre Pflicht, dann wäre kein Mangel im Schatzhaus. Brächten alle ehrlich den Zehnten und weihten dem Herrn die Erstlinge ihres Einkommens, dann wären reichlich Mittel für sein Werk vorhanden. Doch die Anordnungen Gottes werden weder geachtet noch befolgt, und dadurch entsteht drückender Mangel.«[19]

---

17 - FRITZ RIENECKER (Hg.): *Lexikon zur Bibel* (1964), 362.
18 - *Patriarchen und Propheten*, 507.
19 - *Aus der Schatzkammer der Zeugnisse III*, 29.

Da das Einkommen grundsätzlich, aber speziell bei Unternehmern einer breiten Spanne unterliegt und der persönliche Glaube bei der Bemessung von Gaben eine wichtige Rolle spielt, werden die Anteile für Gaben prozentual von Haushalt zu Haushalt und von Unternehmen zu Unternehmen sehr unterschiedlich sein. Wer jedoch den Segen Gottes auf seiner Unternehmung erlebt, wird sicher von Zeit zu Zeit seinen Anteil erhöhen.

Wir sind frei, unsere Gaben (nicht aber den Zehnten) für jene Zwecke einzusetzen und an jene Stellen zu geben, die unseren Vorstellungen entsprechen. Das könnte die örtliche Gemeinde sein oder die Vereinigung, der Kapellenbau, die Mission im In- und Ausland, das adventistische Weltradiowerk, die Stimme der Hoffnung, Arme, ADRA, ein ASI-Projekt etc. Gut ist es in jedem Fall, unter Gebet über die Verwendung der Gaben nachzudenken: Wo bringen sie den größten Ertrag im Sinne Gottes?

Der Segenskreislauf

Aufgrund all der missionarischen Herausforderungen in der Heimat und im Ausland werden heute erheblich mehr finanzielle Mittel benötigt als bisher. Gott wird dem, der danach fragt, gerade jetzt in der Endzeit zeigen, wann und in welchem Umfang er sich diesbezüglich besonders einsetzen soll. Er hält für uns einen Segenskreislauf mit ungeahnten Möglichkeiten bereit. »Er hat die Macht, euch so reich zu beschenken, dass ihr nicht nur jederzeit genug habt für euch selbst, sondern auch noch anderen reichlich Gutes tun könnt.« (2Kor 9,8; GN)[20] Durch meine Gaben beteiligt mich Gott an einer zukünftigen Ernte, denn »wer da sät im Segen, der wird auch ernten im Segen.« (V. 6)

In der Regel gebe ich im Rahmen meiner Möglichkeiten und übersehe dabei vielleicht Gottes Möglichkeiten. Unser Geben löst stets einen Kreislauf neuer Freude aus. Gott gibt, und wir empfangen. Dann geben wir, und Gott empfängt. Danach gibt

20 - Vgl. Mt 6,33; Joh 7,38; 2Kor 9,6-11.

Gott uns wieder. Gott selbst ist der Verursacher dieses Kreislaufs. Er möchte uns nicht einfach für unser Geben belohnen, sondern uns auch weitere Möglichkeiten zum Geben schaffen. Wenn wir anfangen zu geben, lässt Gott uns noch mehr zukommen, sodass wir noch mehr geben können. Wir erleben dabei große Freude. Geben ist seliger als Nehmen.[21] Gott gibt uns Brot und Samen, d. h., er sorgt für unsere Bedürfnisse (Brot) und dafür, dass wir geben können (Samen). Was wir geben, ist die Saat für eine weitere Ernte: »Gott, der dem Sämann Saatgut und Brot gibt, wird auch euch Samen geben und ihn wachsen lassen, damit eure Wohltätigkeit eine reiche Ernte bringt.« (2Kor 9,10; GN) Und Ellen White meint: »Das geistliche Wohlergehen hängt eng zusammen mit der christlichen Gebefreudigkeit.«[22] Und: »Es ist kein Grund zum Klagen, dass vermehrt Aufrufe zum Geben von Geld gemacht werden. Gott ruft uns in seiner Vorsehung aus unserem begrenzten Aktionsbereich heraus, um in größere Unternehmungen einzutreten.«[23]

Der Amerikaner James Lewis Kraft kann uns hier ein Vorbild sein. Der Eigentümer des internationalen Lebensmittelkonzerns *Kraft Foods* gründete sein Unternehmen im Jahr 1903, und zwar mit nur 60 Dollar. Er gilt in Amerika als Pionier modernen Unternehmertums. Er unterstützte die Baptistenkirche und war ein starker Verfechter der religiösen Erziehung der Jugend. Im Laufe der Jahre spendete er einen großen Teil seines Vermögens an religiöse Organisationen. In einem Fall wurde er mit den Worten zitiert: »Die einzige meiner Investitionen, die dauerhaft wachsende Dividenden gebracht hat, ist das Geld, das ich dem Herrn gegeben habe.«[24]

---

21 - Bill Bright: *Das Abenteuer des Gebens*, 15f.
22 - *Das Wirken der Apostel*, 343.
23 - *Testimonies for the Church III*, 405.
24 - *freepages.genealogy.rootsweb.ancestry.com/~boehm/data/biographies/1874_Kraft_James_Lewis_bio.html*

Verschiedene Möglichkeiten des Gebens

Vielen von uns hat der Herr reichlich Mittel gegeben. Das bedeutet, dass wir geben können von dem, was wir haben, d. h. von unserem Einkommen oder unseren Rücklagen. Bedenken wir dabei, dass wir nicht die Eigentümer, sondern Verwalter in Gottes Auftrag sind. 2. Korinther 9,6-11 zeigt, dass der Herr nur Gaben schätzt, die ihm von Herzen gegeben werden, und dass – wie wir gesehen haben – durch unser Geben ein Segenskreislauf in Gang gesetzt wird. Gott gibt uns Mittel für uns selbst und damit wir etwas haben, das wir weitergeben können. Wer alle Gaben Gottes für sich behält, unterbricht den Segenskreislauf.

Nun kann es sein, dass ich im Verhältnis zu dem, was ich für das Werk Gottes tun möchte, nur über bescheidene Mittel verfüge. Wie kann ich aber mehr tun? In diesem Fall sollte ich unter Gebet über die Möglichkeit sogenannter **»Investmentgaben«** nachdenken. Das bedeutet: Ich investiere etwas mit dem Ziel, durch den Ertrag ein bestimmtes Missionsunternehmen zu fördern. Viele haben das schon mit großem Segen – und Ertrag – getan. Dazu einige Erfahrungen:

- Eine Schwester aus Baden-Württemberg schrieb ein Kochbuch und bestimmte den Erlös für den Bau einer Kapelle in ihrer Nähe. Da sie mit dem Segen Gottes rechnete, erhöhte sie die ursprünglich geplante Auflage von 2000 auf 3000 Exemplare. Die gesamte Auflage wurde gut verkauft.
- Ein neunjähriger Junge aus Österreich betätigte sich als Hobby-Bäcker. Er stellte Vollwertbrot und Vollwert-Rosinenbrot her. Für seine Produkte fand er sogar regelmäßige Abnehmer. Auf diese Weise nahm er genug Geld ein, um 300 Euro anzusparen. Als er von den Bedürfnissen eines Missionsehepaares in Papua-Neuguinea hörte, spendete er das Ersparte für dieses Ehepaar.

- In der russischen Stadt Semenov wünschten sich Schwestern eine Evangelisation für ihren Ort. Sie hatten aber kein Geld dafür. So beschlossen sie, mit ihren bescheidenen finanziellen Mitteln Kartoffeln anzubauen und durch den Verkauf ihrer Kartoffelernte eine Vortragsreihe zu finanzieren. Der Herr segnete das Unternehmen auf solche Weise, dass sie durch die Ernte tatsächlich das nötige Geld zusammenbekamen. Durch die so zustande gekommene Evangelisation schlossen sich 19 Menschen der dortigen Gemeinde an.

Hieraus ergibt sich die Frage: Welche »Kartoffeln« könnte ich investieren? Unserem Ideenreichtum sind keine Grenzen gesetzt. Es ist spannend, in einer solchen Sache mit dem Herrn zusammenzuarbeiten.

Investment mit Gottes Bienen: Eine Erfahrung aus den USA

Der Adventist Richard J. Bascom berichtet: »Ich habe durch eigene Erfahrung herausgefunden, dass eine der spannendsten Methoden, Gott besser kennenzulernen und ihm mehr zu vertrauen, darin besteht, dass man an einem Investment-Programm teilnimmt. Bei einem Investment-Projekt weihen wir Gott Zeit, Fähigkeiten und/oder Geld. Dann investieren wir diese Dinge in eine ›geschäftliche Partnerschaft‹ mit Gott. Der Gewinn, der sich höchstwahrscheinlich ergibt, wird dann für die Mission gegeben, nämlich zur Verkündigung des Evangeliums. Der Gedanke, dass ich mit dem König des Universums eine geschäftliche Partnerschaft eingehen kann, war für mich immer eine Inspiration.«

Sein Investment-Projekt war eine Zeitlang die Herstellung und der Verkauf von Honig. Zunächst studierte Richard Bascom, was man für ein solches Geschäft braucht und wie man am geschicktesten vorgeht. Dann bestellte er sich eine Königin und drei Pfund Arbeitsbienen. Nicht allzu lange nachdem er mit dem Projekt begonnen hatte, sprühte ein Flugzeug Gift auf die Felder, auf denen seine Bienen arbeiteten. Er konnte den Piloten ermitteln, rief ihn an und fragte, was er versprüht habe. Der Pilot, der selbst 50 Bienenvölker hatte, sagte, Richard Bascom hätte seine Bienenhaltung anmelden müssen, dann hätte er das beim Sprühen berücksichtigt. So würden seine Bienen aufgrund der eingesetzten Chemikalien leider alle sterben. Am nächsten Morgen fand Richard Bascom zwar einige tote Bienen, doch schon am darauffolgenden Sonntag stellte er fest, dass sein Bienenvolk quicklebendig und sehr aktiv war.

Weiter berichtet er, er habe in einem Buch gelesen, dass ein Bienenvolk im ersten Jahr 30 – 40 Pfund (1 US-Pfund sind etwa 450 g) Honig bringt, aber dass es diese Menge über den Winter selbst verbraucht. Erst im zweiten Jahr könne man mit einem Überschuss rechnen. Diesen wollte er dann zugunsten der Mission verkaufen.

Als er zur gegebenen Zeit nachschaute, ob die Bienen genügend für den Winter zusammengebracht hatten, stellte er mit Überraschung fest, dass die Bienen nicht nur die nötige Menge für sich selbst gesammelt hatten, sondern noch 100 Pfund darüber hinaus. Das war das Ergebnis des Investment-Projektes mit Gott – und seinen Bienen. Richard Bascom beendet seinen Bericht mit Psalm 50,10: »Denn alles Wild ist mein und die Tiere auf den Bergen zu Tausenden.«[25]

Geben ohne Mittel

Wenn ich gar keine Mittel habe, kann ich im Glauben eine Abmachung mit Gott treffen. Ich werde einen bestimmten Betrag geben, wenn der Herr mir dieses Geld zur Verfügung stellt. Dazu eine Erfahrung aus den USA:

Eine betagte Schwester konnte kaum mit ihrer kleinen Rente auskommen. Sie hörte eine Predigt über das Geben aus Glau-

25 - Ronald A. Knott: *Over and Over Again*, 13.

ben. Sie dachte: Der Prediger spricht nicht zu mir. Ich bin alt und habe sowieso kaum Geld. Dann fragte sie sich: Habe ich vielleicht doch mehr Möglichkeiten mit meinem kleinen Einkommen, das kaum für meine Miete, das Essen und ein bisschen mehr reicht? Je länger sie darüber nachdachte, umso mehr betete sie darum, dass Gott ihr zeigen möge, ob die Aussagen der Predigt zuträfen. Dann entschloss sie sich zu einem Glaubensschritt: Sie traf eine Abmachung mit Gott über einen Betrag von zwei Dollar pro Woche, und zwar über die Dauer eines Jahres.

Niemand wusste von ihrem Entschluss, bis sie dies ein Jahr später bei einer Lagerversammlung erzählte. Sie berichtete, dass sie tatsächlich in jeder Woche in der Lage gewesen sei, zwei Dollar in einen besonderen Umschlag zu legen. Sie war auch jede Woche sehr gespannt, was Gott tun würde, um für diese zwei Dollar zu sorgen. Es war ja absolut unmöglich, dass sie von ihrem kleinen Einkommen diesen Betrag hätte aufbringen können. Der Herr sorgte tatsächlich jede Woche dafür, dass sie es doch konnte, und zwar auf ganz verschiedenen wunderbaren Wegen. Sie schloss ihren Bericht mit den Worten: »Ich bin 50 Jahre Gemeindeglied. Aber nun weiß ich zum ersten Mal, was es bedeutet, ein wirklicher Christ zu sein. Nun weiß ich zum ersten Mal, was Glaube wirklich ist. Ich weiß zum ersten Mal, was es heißt, nahe bei Gott zu sein und mit ihm wie mit einem Freund zu sprechen. Und zum ersten Mal, seit mein Mann vor vielen Jahren gestorben ist, habe ich keine finanziellen Nöte. Gott hat für alles gesorgt.«

In diesem Zusammenhang sollten wir ein weiteres Wort von Ellen White bedenken: »Gottes Werk wird sich immer mehr ausbreiten, und wenn die Kinder Gottes dem Rat des Herrn folgen, werden sich in ihrem Besitz nicht mehr viele Mittel befinden, die von der Feuersbrunst des Endes verzehrt werden können.«[26] Die entscheidende Frage ist nicht, wie viel Geld ich habe, sondern welchen Betrag ich Gott zutraue.

26 - *Schatzkammer der Zeugnisse I*, 60.

Treue erweisen durch Zehntenzahlen

Für das Zahlen des Zehnten aus unserer Geschäftstätigkeit gelten die großen Verheißungen Gottes ebenso wie für den Einzelnen, der ein Gehalt oder Lohn erhält: »Bringt aber die Zehnten in voller Höhe in mein Vorratshaus, auf dass in meinem Hause Speise sei, und prüft mich hiermit … ob ich euch dann nicht des Himmels Fenster auftun werde und Segen herabschütten die Fülle.« (Mal 3,10) – »Alle Zehnten … vom Ertrag gehören dem Herrn und sollen dem Herrn heilig sein.« (3Mo 27,30.32)

Unser Herr hat für den Zehnten die Höhe festgelegt: Es sind zehn Prozent – der »zehnte Teil«, wie der Name schon sagt. Auch der Verwendungszweck ist vorgegeben: Er soll der Lohn der Evangeliumsverkündiger sein.[27] Und was ist mit dem Empfänger oder der Annahmestelle? Auch hier haben wir klare Anweisungen: sein Vorratshaus. Für uns als Adventisten ist das die zuständige Vereinigung, und zwar in der Regel über den Weg der Ortsgemeinde. Natürlich sind Ausnahmen möglich. Wenn etwa ein gut verdienender Unternehmer das Aufkommen von Begehrlichkeiten in seiner Ortsgemeinde vermeiden möchte, kann er seinen Zehnten auch direkt an die Vereinigung überweisen.

Gebet und Zehnter als Grundlage für wirtschaftlichen Erfolg

Es war über viele Jahre Praxis, dass unser gemeinschaftseigenes amerikanisches Verlagshaus *Review and Herald* zehn Prozent seiner Gewinne für die Mission gab. Als aber in den späten 1980er Jahren harte Zeiten auf das Verlagshaus zukamen, schlief diese Praxis ein. Das Verlagshaus machte danach jedes Jahr große Verluste (ob es hier einen ursächlichen Zusammenhang gab, konnte man natürlich nicht sagen). Schließlich hatte das Unternehmen mehrere Millionen Dollar Schulden. Eines

27 - Vgl. 4. Mose 18,21; 1. Kor. 9,13.14.

Tages musste die Bank einen neuen Kredit in Höhe von 275 000 Dollar gewähren, damit der Verlag die Löhne zahlen konnte. Dieser Kredit wurde zur Verfügung gestellt, jedoch mit dem Hinweis, dass der Verlag seine Kreditlinie erschöpft habe. Die Verantwortlichen wurden zusammengerufen. Sie wussten nicht, was noch getan werden könnte. Sie knieten nieder und beteten, der Herr möge ihnen helfen, für ihre 200 Mitarbeiter zu sorgen.

Gleich am darauffolgenden Tag verzeichnete der Verlag eine Einnahme von einer Million Dollar. Und erstaunlicherweise brauchte der Verlag von jenem Zeitpunkt an keinen weiteren Kredit mehr. Es wurde viel für den Verlag gebetet. Am 31. März 1992 waren die gesamten Schulden von 3,8 Millionen Dollar bezahlt.

1997 war dann wieder ein schwieriges Jahr. Es war nicht genug Arbeit vorhanden. Im ersten Quartal schrieb man einen großen Verlust. Da schlug Ted N. C. Wilson vor – er war zu dem Zeitpunkt Verlagsleiter –, ab sofort als Unternehmen Zehnten zu zahlen. Die Folge: Wieder segnete der Herr das Verlagshaus, und zwar in der Weise, dass im November große Aufträge hereinkamen. So konnte das Jahr mit einem bescheidenen Gewinn abgeschlossen werden. Der Gewinn des ersten Quartals 1998 zeigte sogar eine dramatische Umkehr zum Guten. Am 7. April 1998 übergab der Verlag der Generalkonferenz einen Zehntenscheck in Höhe von 30 000 Dollar. Dabei sagte Ted Wilson: »Das Gebet ist ein bedeutender Teil unserer Geschäftstätigkeit.«[28]

Aufschwung nach Treue im Zehntenzahlen

Das Missionars-Ehepaar Rocero berichtete die nachfolgende Erfahrung zum Thema »Finanzen«: »Als wir 1993 das Ishaka-Krankenhaus in Uganda übernahmen, gab es nicht viele Patienten. Folglich hatten wir keine Mittel für Reparaturen und Verbesserungen. Mein Mann und ich sprachen des Öfteren

28 - Tim Crosby: »Review and Herald Publishing Association Revives a Tithing Practice", in: *Adventist Review*, 9.7.1998.

darüber, ob das Krankenhaus Zehnten und Gaben geben sollte. Dann erschien ein Artikel zu diesem Thema im *Review and Herald*. Unser Ausschuss entschied sofort, dass wir als Krankenhaus in Zukunft Zehnten zahlen. Das Krankenhaus hat seitdem eine überreichliche Zahl an Patienten. Unsere Räume und Betten reichen sogar nicht mehr aus – und all das, ohne dass es eine Epidemie oder sonst einen natürlichen Anlass gegeben hätte. Der Herr hat des Himmels Fenster über Ishaka geöffnet. Wir sind dankbar und glücklich.«[29]

Der Zehnte als »Feuerversicherung«

Bevor er als Unternehmer zu großem Wohlstand kam, las Alexander H. Kerr 1902 in einem Buch über Jakobs Gelübde: »Von allem, was du mir gibst, will ich dir den Zehnten geben.« (1Mo 28,22) Er las dann, wie Jakob zwanzig Jahre später in seine Heimat zurückkehrte. Er hatte inzwischen zahlreiche Diener und große Viehherden. Er war offenbar aufgrund seines Zehnten-Gelübdes einer der reichsten Männer seiner Zeit geworden.

Alexander H. Kerr wurde von so manchem Zweifel in Bezug auf seinen Glauben an Gott geplagt. Andererseits wollte er herausfinden, ob die Bibel wahr ist und ob Gottes Verheißungen zu allen Zeiten gelten – auch für Menschen seiner Zeit. So gelobte er Gott am 1. Juni 1902, dass er ihm regelmäßig diesen Teil seines Einkommens geben werde. Zu jener Zeit lastete eine Hypothek auf seinem kleinen Haus. Außerdem hatte er andere finanzielle Schwierigkeiten. Aber er beschloss, Gott zu testen, so wie es Jakob auch getan hatte.

Drei Monate, nachdem Kerr angefangen hatte, Gott den Zehnten seines Einkommens zu geben, erreichten ihn unerwartete Segnungen, und zwar in so reichem Maße, dass es ihm schien, als wollte Gott ihm auf diese Weise die Augen öffnen. Wollte Gott seine Liebe und Treue bezüglich des Zehnten belohnen?

29 - *Adventist Review*, 10.12.1998.

Kerr gründete noch im selben Jahr mit einem kleinen Anfangskapital die »Kerr-Glas-Gesellschaft«. Er tat dies im festen Vertrauen auf Gottes Zehnten-Verheißungen. Das Unternehmen entwickelte sich zu einem der größten Hersteller von Einmachgläsern in den Vereinigten Staaten. Kerr vertraute besonders auf die Verheißung Gottes in Maleachi 3,10: »Bringt aber die Zehnten in voller Höhe in mein Vorratshaus, auf dass in meinem Hause Speise sei, und prüft mich hiermit, spricht der Herr Zebaoth, ob ich euch dann nicht des Himmels Fenster auftun werde und Segen herabschütten die Fülle.«

Kerr lebte in Portland, Oregon. Die Gläser wurden jedoch in seiner Fabrik in San Francisco hergestellt. Er hatte jeden verfügbaren Cent in sein Unternehmen gesteckt. Und dann kam am 18. April 1906 das große Erdbeben mit der darauf folgenden Feuersbrunst. Seine Freunde suchten ihn auf und bedauerten ihn: »Kerr, Sie sind ein ruinierter Mann!« Er antwortete: »Noch glaube ich es nicht. Wenn ich ruiniert wäre, dann wäre die Bibel nicht wahr. Doch ich weiß, Gott hält seine Verheißungen.« Er telegrafierte nach San Francisco und erhielt folgende Antwort: »Ihre Fabrik liegt im Zentrum des Brandes und ist zweifellos zerstört worden. Die Hitze ist so furchtbar, dass wir noch mehrere Tage lang nicht imstande sein werden, irgendetwas herauszufinden.«

Welch eine Zeit der Prüfung war das für ihn! Aber sein Glaube wankte nicht. Eine Woche nach dem Erdbeben und dem anschließenden Feuer erreichte ihn ein zweites Telegramm: »Alles im Umkreis von 1,5 Meilen rund um Ihre Fabrik ist niedergebrannt, aber sie selbst ist auf rätselhafte Weise erhalten geblieben.« Darauf fuhr Kerr nach San Francisco. Die Fabrik war ein zweistöckiges hölzernes Gebäude. Darin befanden sich zwei riesige Tanks, in denen das Glas geschmolzen wurde; zur Feuerung wurde Öl verwendet. Deshalb war dieses Gebäude eines der am leichtesten entzündlichen in ganz San Francisco. Das Feuer hatte rund um die Glasfabrik gewütet und war bis an die hölzerne Umzäunung vorgedrungen. Es hatte diese sogar teilweise verkohlt. Jedoch wurde weder die Holzumzäunung ganz zerstört noch das Gebäude selbst angetastet. Nicht ein einziges Einmachglas war infolge des Erdbebens und des Feuers auch nur gesprungen. Das bedeutete nichts weniger als ein Wunder göttlicher Macht und für Kerr eine Bestätigung seines Glaubens an die Hilfe von oben.

1912 schrieb Kerr ein Flugblatt über den Zehnten. Es trug den Titel: »Gottes Heilmittel für Armut«. Jede Kiste Einmachgläser, die die Fabrik verließ, enthielt diese Schrift. Von 1912 bis zu seinem Tod am 9. Februar 1924 hatte er mehr als fünf Millionen dieser Flugschriften verteilt.[30]

Geschäftserfolg nach Grosszügigkeit: Die Colgate-Story

Vor vielen Jahren war ein sechzehnjähriger Bursche gezwungen, sein Elternhaus zu verlassen, weil sein Vater zu arm war, um ihn länger durchzufüttern. Mit einem Bündel Habseligkeiten machte er sich auf den Weg nach New York. Er wollte die Herstellung von Seife erlernen. Als er dort ankam, war es schwer, Arbeit zu finden. Zu jenem Zeitpunkt erinnerte er sich an die letzten Worte seiner Mutter und auch an den gottesfürchtigen Rat, den ihm ein Kapitän gegeben hatte. So weihte er sein Leben Gott und entschloss sich, seinem Schöpfer einen ehrlichen Zehnten zurückzugeben, und zwar von jedem Dollar, den er verdienen würde.

Als er den ersten Dollar bekam, weihte der junge Mann 10 Cent dem Herrn. Und bei dieser Gewohnheit blieb er dann auch. In der Folge kamen immer mehr Dollar herein. Bald wurde er Teilhaber eines Seifenherstellers. Und als sein Partner nach einigen Jahren starb, übernahm er schließlich als Alleininhaber das Unternehmen. Der gesegnete Geschäftsmann

30 - »Gerettet … aus Erdbeben und Feuersturm«, in: *Missionsbrief*, Nr.14. Die Richtigkeit des Inhalts wurde von der Historischen Abteilung der Firma Kerr per E-Mail bestätigt.

gab seinem Buchhalter nun Anweisung, ein Konto für Gott zu eröffnen und jeweils ein Zehntel seines Umsatzes auf dieses Konto zu überweisen.

Das Geschäft wuchs wie durch ein Wunder. Deshalb entschied der ehrliche Inhaber, jetzt zwei Zehntel des Umsatzes zu geben; und dann drei Zehntel, vier Zehntel und schließlich fünf Zehntel. Es sah so aus, als würde sein Umsatz im genauen Verhältnis zu seiner Großzügigkeit wachsen. Bald war seine Seife in jedem Haushalt weltweit bekannt.

Bei diesem Mann, den Gott aufgrund seiner Treue zu seinem Schöpfer so sehr segnete, handelte es sich um William Colgate. Diese Erfahrung ist hier nicht niedergeschrieben worden, um für Colgate-Produkte zu werben, sondern weil sie so deutlich den Segen zeigt, der das treue Zahlen des Zehnten begleitet.[31]

Gott bestand die Prüfung

Eine Schwester aus Österreich berichtet, was sie gemeinsam mit ihrem Mann, einem leitenden Angestellten, kurz vor und kurz nach ihrer gemeinsamen Taufe erlebte.[32]

> Wir hatten gerade damit begonnen, Bibelstunden zu nehmen, als wir in einem Kalenderzettel auf den Text in Maleachi 3,10 stießen: »Bringt aber die Zehnten in voller Höhe in mein Vorratshaus, auf dass in meinem Hause Speise sei, und prüft mich hiermit, spricht der Herr Zebaoth, ob ich euch dann nicht des Himmels Fenster auftun werde und Segen herabschütten die Fülle.« Entsetzt fragte ich meinen Mann: »Glaubst du, dass da wirklich zehn Prozent gemeint sind? Das wäre ja Wahnsinn! Das ist sicher symbolisch zu verstehen.« Doch meine Hoffnungen wurden nicht bestätigt. Es waren wirklich zehn Prozent, die Gott von unserem Geld

31 - Ashley G. Emmer: »William Colgate", in: *Signs of the Times*, 2.8.1938. Vgl. *www.sermonillustrator.org*.

32 - Die Namen sind dem Autor bekannt.

haben wollte. Dazu kam, dass wir gerade vorher unseren ersten Kredit aufgenommen hatten, den wir in drei Jahren zurückzahlen wollten. Dazu mussten wir unsere gesamten Mittel in die Rückzahlung stecken. Es erschien uns unmöglich, beides zu tun: Zehnten zu geben und den Kredit zurückzuzahlen. Schließlich beschlossen wir, Gott bei seinem Wort zu nehmen: »Prüft mich hiermit!« Das wollten wir tun. Es war ja eine gute Möglichkeit zu sehen, ob die Verheißungen der Bibel wirklich hielten, was sie versprachen. Da wir jedoch Angst hatten, den Sprung ins kalte Wasser auf einmal zu wagen, beschlossen wir, uns langsam heranzutasten. Wir nahmen uns vor, unseren Betrag schrittweise Woche für Woche zu erhöhen. Doch schon nach wenigen Wochen beschlossen wir, den ganzen Zehnten zu zahlen, denn Gott machte seine Verheißungen wahr.

Die Folge: Wir haben unser Darlehen statt in drei Jahren in nicht ganz einem Jahr zurückgezahlt. Der Leiter der Bank sagte, er hätte es noch nicht erlebt, dass jemand so schnell einen Kredit zurückgezahlt hätte. Auch wir waren verwundert, denn rein rechnerisch konnten wir nicht nachvollziehen, woher das Geld gekommen war – und das trotz genauester Buchführung. Das bestätigte uns, dass Gott die Prüfung bestanden hatte. Das Wort hatte sich erfüllt: Gott hatte die Fenster des Himmels aufgetan und Segen herabgeschüttet die Fülle. Diese Erfahrung bedeutete für uns nicht nur Segen in Form von Geld, sondern sie half uns auch, sehr bald unsere Entscheidung für Jesus Christus zu treffen und uns taufen zu lassen.

Aber wir sollten noch eine Hürde zu nehmen haben: Zwei Jahre später erfuhren wir, dass der Zehnte nicht vom Nettogehalt, sondern vom Bruttogehalt zu zahlen sei.[33] »Bringt die Zehnten in voller Höhe in mein Vorratshaus.« Das war wieder ein harter Brocken. Wir hatten in der

33 - Das ist biblisch richtig.

Zwischenzeit ein Haus gebaut, und unsere monatlichen Belastungen waren sehr hoch. Als wir mit dem Bau begonnen hatten, hatte ich eine gut bezahlte Teilzeitstelle mit einem Monatsgehalt von 1300 Euro für zwei Tage Arbeit pro Woche. Dieses Gehalt hatten wir bei unserer Planung der monatlichen Zahlungen natürlich berücksichtigt.

Aufgrund unehrlicher Geschäftspraktiken aufseiten meines Arbeitgebers wurde mir klar, dass ich aus Gewissensgründen nicht länger bei meiner Firma arbeiten konnte. Außerdem erkannten wir als Ehepaar, dass Gott möchte, dass Mütter bei ihren Kindern zu Hause bleiben und diese erziehen und auch unterrichten. Heimunterricht zu geben (das ist in Österreich möglich) hieße aber, dass ich nicht länger außer Haus würde arbeiten können. So standen wir also vor zwei Problemen. Nicht nur, dass sich unsere Einnahmen erheblich verringern sollten, sondern dass wir darüber hinaus auch noch zusätzliche Ausgaben haben würden.

Nach einem inneren Kampf beschlossen wir, alle diese Fragen Gott im Gebet vorzulegen. Grundsätzlich wollten wir Gott ja gehorsam sein. Aber es gab doch diesmal, so argumentierten wir bei uns selbst, wirklich keine Möglichkeit dazu. Wir können ja nicht gleichzeitig den vollen Zehnten bezahlen und auf mein Gehalt verzichten. Uns wurde klar: Gott musste uns also den Mut sowie den Willen zu diesem Schritt schenken und uns den Weg bereiten. Wir beteten, dass er uns das Wollen und das Vollbringen schenke nach Philipper 2,13: »Denn Gott ist es, der in euch wirkt beides, das Wollen und das Vollbringen, zu seinem Wohlgefallen.« Also wollten wir mit den Füßen ins Wasser gehen (siehe Jos 3,14-16).

Nach wenigen Tagen des Betens waren unser Vertrauen und der Wunsch zu gehorchen so gewachsen, dass wir begannen, den erhöhten Zehnten zu zahlen. Außerdem kündigte ich, um bei meinen Kindern zu Hause bleiben und sie selbst unterrichten zu können. Wenige Wochen später kam der Chef meines Mannes zu ihm ins Büro und sagte:

»Ich habe festgestellt, dass Sie für Ihre Tätigkeit unterbezahlt sind. Wir werden Ihr Gehalt anpassen.« Mein Mann bekam daraufhin nicht nur ein paar Cent mehr. Nein, er bekam – ohne darum gebeten zu haben – eine fast 50 %ige Gehaltserhöhung. Das entsprach genau dem Betrag, den ich zuvor verdient hatte, nämlich 1300 Euro im Monat.

Auch wenn es rein rechnerisch trotzdem knapp aussieht, sorgt Gott seitdem jeden Monat dafür, dass wir mit unserem Geld gut durchkommen. Wir danken Gott, dass er unsere Bitten immer erhört, wenn wir daran gehen, unsere Erkenntnisse aus dem Wort Gottes in die Praxis umzusetzen. »Denn wer da bittet, der empfängt.« (Mt 7,8)

Diese Familie wollte Gott grundsätzlich gehorchen. In der Umsetzung hatte sie jedoch Schwierigkeiten. Die Eheleute beteten, dass Gott ihnen das Wollen und Vollbringen schenkt. Nachdem der Herr sie willig gemacht hatte, handelten sie nach seinem Wort, und erst danach erfolgte das Eingreifen Gottes. Gottes Bestätigung kommt nach unserem Gehorsam.

Durch Treue zum Marktführer: Die McNeilus-Geschichte

Denzil McNeilus, Jahrgang 1960, ist nicht mit einem goldenen Löffel im Mund auf die Welt gekommen – auch nicht mit einem silbernen, wie man in Amerika sagt. Im Gegenteil: Seine Eltern bewohnten ab seinem dritten Lebensjahr ein mehr als bescheidenes Häuschen in Dodge Center im Bundesstaat Minnesota. Und das konnten sie sich auch nur deshalb leisten, weil sie den Keller untervermieteten. Denzils Vater Garwin wollte in dem 2000-Seelen-Ort Transportbeton für die lokalen Bauprojekte herstellen. Der Weg in die Selbstständigkeit war jedoch holpriger als erwartet, denn es gab zunächst keine Bank, die ihm das Geld für den Kauf eines alten Lkw leihen wollte.

Als er das Geld schließlich doch zusammengekratzt hatte, war der Verkäufer inzwischen verstorben. Seine Witwe aber wollte nicht mehr verkaufen, sondern gab das Fahrzeug in eine Auktion. Als Garwin McNeilus jetzt auf diesem Wege versuchte, an »seinen« Lkw zu kommen, war dies der Anfang einer fast unglaublichen Erfolgsgeschichte, die man nur mit dem Segen Gottes erklären kann. Denzils Vater konnte auf dieser Auktion nämlich statt des einen gleich drei Lkw ersteigern, und zwar für denselben Betrag, den er ursprünglich für nur einen Lkw angesetzt hatte. Er verkaufte die anderen beiden Fahrzeuge und konnte so das geliehene Geld zurückzahlen. Diese Erfahrung und sein Wissen um die Herstellung von Transportbeton brachten ihn dann auf die Idee, gebrauchte Transportbeton-Lkw zu kaufen, technisch auf Vordermann zu bringen und wieder zu verkaufen. Das in diesem Zusammenhang häufig erforderliche Schweißen hatte er von seinem Vater, einem Schrotthändler, gelernt.

Als sich die Nachfrage des Marktes dann mehr und mehr auf Neufahrzeuge dieser Art verlagerte, fing Garwin McNeilus an, von den großen Lkw-Herstellern Fahrzeuge ohne Aufbauten zu kaufen und diese mit dem entsprechenden Aufbau für Transportbeton, die er von einem Spezialisten bezog, zusammenzumontieren. Das Geschäft entwickelte sich zwar gut, doch die McNeilus-Kunden mussten jeweils 14 Monate auf ihren Truck warten. An dieser Stelle schien Gott als Geschäftspartner die Weichen zu stellen. Von Ford bezog die Firma McNeilus gewöhnlich zehn Lkw pro Monat. Um die Bestelllogistik jedoch zu vereinfachen und weil sich ein gutes Vertrauensverhältnis zwischen Ford und McNeilus entwickelt hatte, unterschrieb Garwin McNeilus immer etwa 100 Lkw-Bestellungen auf einmal, die der entsprechende Ford-Mitarbeiter dann in Chargen von zehn in die Produktion weiterleitete. Womit niemand rechnen konnte: Eines Tages hatte dieser Mitarbeiter einen schweren Unfall, der ihn zum Ausscheiden aus dem Unternehmen zwang. Als sein Nachfolger dann seine Aufgabe übernahm, fand er im Schreibtisch seines Vorgängers unterschriebene Bestellungen der

Firma McNeilus für 75 Lkw. Diese gab er – in Unkenntnis des besonderen Arrangements, das mit der Firma bestand – in die Produktion weiter und brachte sie so zur Auslieferung.

Jetzt hatte Garwin McNeilus allerdings ein Problem, denn sein Lieferant für die Betonmisch-Aufbauten, dessen Produktion er schon zu 55 % auslastete, konnte seine Fertigung nicht plötzlich so deutlich hochfahren, um diese zusätzlichen Lkw zu bestücken. Das wollte und konnte Garwin allerdings nicht akzeptieren. Auf seine hartnäckigen Vorschläge, wie der Zulieferer seine Produktion vielleicht doch noch ausweiten könnte, sagte dieser schließlich in einem Anflug von Frustration: »Wenn du alles besser weißt, dann mach es doch selbst!« Und genau das tat Garwin dann auch.

Das war 1976. Damals gab es in den USA neun Hersteller von Transportbeton-Lkw. McNeilus war der kleinste von ihnen. Auch vier Jahre später lag das Unternehmen trotz beträchtlichen Geschäftserfolgs immer noch auf Platz 9. Doch das änderte sich dramatisch, als das Unternehmen – inzwischen waren Denzil und sein jüngerer Bruder ins Geschäft mit eingestiegen – seine Policy in Bezug auf Zehnten und Gaben umstellte. Die McNeilus sind treue Adventisten. Väterlicherseits war schon Denzils Urgroßmutter Adventistin geworden, nachdem sie von einem Buchevangelisten in Iowa *Das Leben Jesu* gekauft hatte. Und mütterlicherseits war es ebenfalls seine Urgroßmutter, die in die Gemeinde gekommen war. Sie hatte in New York Vorträge von Ellen White gehört.

Es war für Garwin und seinen Sohn Denzil selbstverständlich, am Ende eines jeden Jahres vom Unternehmensgewinn Zehnten und Gaben zu zahlen. (Der andere Sohn ist bis heute zwar kein Adventist, stimmte der Policy aber zu.) Doch jetzt, 1980, entschlossen sich die Männer, bei jedem neuen Auftrag im Voraus festzulegen, wie viel des zu erwartenden Einkommens oder Umsatzes (!) für Zehnten und Gaben beiseite gelegt werden sollten.

»Nach vielen Überlegungen, intensivem Gebet und sorgfältigen Erwägungen«, erzählt Denzil, »gingen wir einen Schritt im Glauben und entschieden uns, unser System des Gebens zu verändern. Wir beschlossen, für jeden Betonmischer und jeden Mischer-Lastwagen, der verkauft wurde, sofort einen bestimmten Betrag an Zehnten und Gaben zu geben.« Und nicht nur das: Sie führten diesen Betrag fortan wöchentlich an die Gemeinde ab. Die Folge dieser Entscheidung war geradezu umwerfend: Innerhalb von nur zwei Jahren verdoppelte sich der Umsatz des Unternehmens, und nach weiteren zwei bis drei Jahren – Denzil war inzwischen mit 26 Vizepräsident für Marketing, Vertrieb und Finanzen geworden – verdoppelte sich der Umsatz noch einmal. »Das Geschäft wuchs über unsere Erwartungen. So verdoppelten wir den Betrag, den wir ursprünglich festgelegt hatten. Die Firma wuchs weiter. So verdoppelten wir den Betrag noch einmal.«

Jahre später war McNeilus mit einem Marktanteil von 75 – 80 % in den USA mit großem Abstand die Nr. 1 in seiner Branche. Produziert wurde außer in Minnesota auch in Mexiko und in China. Das stets eigenfinanzierte Unternehmen befasste sich dann zusätzlich mit der Planung und dem Bau von hochgradig automatisierten Betonfabriken. Auch in dieser Branche stieg McNeilus innerhalb von nur drei Jahren zu einem der Weltmarktführer auf. 1992 kam die Herstellung von Müll-Lkw hinzu. Auch hier blieb der Segen Gottes nicht aus: Innerhalb von sechs Jahren war McNeilus in dieser Branche die Nr. 1 weltweit. Zu den weiteren Unternehmen, die die Familie erwarb, gehörten dann auch eine Bank und eine Versicherungsgesellschaft.

Was ist das Geheimnis ihres phänomenalen Erfolgs? Sie blieben Gott stets treu und anerkannten, dass alles, was sie besitzen, Gott gehört. Sie waren lediglich seine Verwalter. Heute gehört die McNeilus-Familie – in Dodge Center leben inzwischen 35 Familienmitglieder, und fast alle sind treue Adventisten – zu den größten Geldgebern der Freikirche der Siebenten-Tags-Adventisten. »Gebt, so wird euch gegeben. Ein voll, gedrückt, gerüttelt und überfließend Maß wird man in euren Schoß geben; denn eben mit dem Maß, mit dem ihr messt, wird man euch wieder messen.« (Lk 6,38)

Ein Mittel gegen finanzielle Probleme

Trotz meiner Treue im Zehntengeben kann es vorkommen, dass Gott Prüfungen zulässt, die mich dazu verführen könnten, dem Herrn den Zehnten vorzuenthalten, der ihm gehört. In einer solchen Situation ist es besonders wichtig, dass wir uns an Gottes Verheißungen klammen, denn er hat uns seinen Segen für unsere Treue versprochen.[34] Dazu eine Erfahrung zweier (nichtadventistischer) Afrika-Missionare:[35]

> Während der ersten beiden Jahre unseres Lebens mit Gott entwickelten Sue und ich einen Plan, wie wir den Zehnten geben wollten. Damals gaben wir bescheidene vier Prozent. Nun sollte es jedes Jahr ein Prozent mehr werden. Bis wir die Zehn-Prozent-Hürde genommen hätten, müssten also noch sechs Jahre vergehen – eine lange Zeit.
>
> Die ersten zwei Jahre kamen uns vor, als würde man uns einen Zahn ziehen – nur quälend langsam. Daraufhin rangen wir uns zu einer radikalen Entscheidung durch und erhöhten unsere Spenden mit einem Mal von sechs auf zehn Prozent. Das ging relativ schmerzlos vor sich. Auch machte es uns finanziell unbeschwert und gab unserer Ehe einen Frieden, den wir zuvor nicht gekannt hatten. Das ermutigte uns, neue Steigerungen zu wagen. Als wir 1973 den Umzug nach Afrika vorbereiteten, hörten wir auf einer Mitarbeiterkonferenz eine Botschaft, die unser Leben veränderte: Die beste Art, im Glauben auf eine finanzielle Schwierigkeit zu antworten, sei, die für Gott bestimmten Gaben zu erhöhen. Nachdem wir darüber gebetet und nachgedacht hatten, entschlossen wir uns, während unserer Zeit in Afrika genau so zu handeln. Während unserer 16 Jahre in Afrika haben wir sechsmal harte Finanzkrisen durchgemacht. Jedesmal haben wir

34 - Vgl. Mal 3,10; Heb 13,5.

35 - Don Myers in Bill Bright: *Das Abenteuer des Gebens*, 43.

im Glauben unsere Gaben erhöht, und jedesmal hat der Herr unsere Krise überwunden. Als wir dann unseren Dienst in Afrika beendeten, betrug unser Spendensatz 38 % [den Zehnten mit eingerechnet].

Aussagen zum Zehnten in der Bibel und bei Ellen White

- *Was versteht die Bibel unter dem »Zehnten«?*

  Es ist der zehnte Teil oder 10 % meines Einkommens.

- *Was macht Gott mit dem Zehnten, den er beansprucht?*

  »Den Kindern Levi aber habe ich alle Zehnten gegeben ... zum Erbgut für ihr Amt« (4Mo 18,21). Dabei ist eines zu berücksichtigen: Der Gläubige gibt Gott den Zehnten. Dieser gibt ihn weiter an seine Diener. Der Zehnte ist für den Lohn der Prediger bestimmt. Auch Prediger, die als Bibellehrer an unseren Schulen oder als Gesundheitsmissionare arbeiten, sollen vom Zehnten bezahlt werden (*Aus der Schatzkammer der Zeugnisse II*, 374.424; *Medical Ministry*, 245).

- *Hat Gott die Zehntenordnung im Neuen Testament geändert?*

  »Wisset ihr nicht, dass, die im Tempel dienen, vom Tempel leben, und die am Altar dienen, vom Altar ihren Anteil bekommen? So hat auch der Herr befohlen, dass, die das Evangelium verkündigen, sich vom Evangelium nähren sollen.« (1Kor 9,13f.) Der Herr selbst hat angeordnet, dass die Zehntenordnung auch in der neutestamentlichen Zeit unverändert bleibt.

- *Wohin soll der Zehnte gebracht werden?*

  »Bringt aber die Zehnten in voller Höhe in mein Vorratshaus« (Mal 3,10).

- *Wie kann ich wissen, wo Gottes Vorratshaus heute ist?*

  Gott hat den Zehnten als Lohn für seine Diener bestimmt. Frage: Woher bekommt der Prediger meiner Gemeinde seinen Lohn? Er bekommt ihn von der Vereinigung, zu der meine Gemeinde gehört. Daher ist für mich heute meine Vereinigung Gottes Vorratshaus, an das der Zehnte (in der Regel)[36] über meine Gemeinde weitergeleitet wird.

- *Wer ist der eigentliche Empfänger, wenn ich meinen Zehnten an die Gemeinde bzw. Vereinigung gebe?*

  »Hier nehmen den Zehnten sterbliche Menschen, dort aber einer, dem bezeugt wird, dass er lebe.« (Heb 7,8) Jesus Christus, unser Hoherpriester, ist also der Empfänger.

- *Welche ungewöhnliche Erlaubnis hat Gott mit dem Zehnten verbunden?*

  »Prüft mich hiermit.« (Mal 3,10) Das ist eine einzigartige Erlaubnis, die Gott uns hier gibt.

- *Welche außergewöhnliche Verheißung hat Gott auf den Zehnten gelegt?*

  » … ob ich euch dann nicht des Himmels Fenster auftun werde und Segen herabschütten die Fülle.« (Mal 3,10)

- *Unter welchen Bedingungen gilt diese Verheißung?*

  Es gelten zwei Bedingungen: »Bringt aber die Zehnten (1) *in voller Höhe* (2) *in mein Vorratshaus*.« (Mal 3,10)

- *Was ist, wenn der Zehnte von den Empfängern nicht ordnungsgemäß verwendet wird?*

  »Bringe deine Klage im rechten Geist, klar und offen, vor die Zuständigen. Sende dein Anliegen ein mit der Bitte, die Dinge zu ändern und in Ordnung zu bringen; aber halte nichts vom

36 - Zur Ausnahme siehe oben.

Werk Gottes zurück und erweise dich nicht als untreu, weil andere nicht recht tun.«[37] 1. Samuel 2,22-36 zeigt uns, dass Gott im Falle von Untreue bei der Verwendung des Zehnten nicht die Geber des Zehnten verantwortlich machte (Elkana und seine Familie), sondern den damaligen Hohepriester (»Vorsteher«) Eli und seine untreuen Priestersöhne (»Prediger«) Hophni und Pinehas. Gott hatte Geduld und griff erst zu seiner Zeit ein – dann aber sehr deutlich.

- *Wie bezeichnet Gott Gemeindeglieder, die keinen oder nur einen Teil des Zehnten geben?*

  »Ist's recht, dass ein Mensch Gott betrügt[38], wie ihr mich betrügt? Ihr aber sprecht: ›Womit betrügen wir dich?‹ Mit dem Zehnten und der Opfergabe!« (Mal 3,8) Betrüger und Räuber kommen nicht in das Reich Gottes.[39]

- *Welche Haltung erwartet Gott beim Geben des Zehnten (und der Gaben)?*

  »Gott ist Geist, und die ihn anbeten, die müssen ihn *im Geist und in der Wahrheit anbeten*.« (Joh 4,24) Gott segnet das Geben des Zehnten. Dennoch sollte er nicht in spekulativer Absicht gegeben werden, sondern im Sinne der Anbetung. Herzensgehorsam ist wahre Anbetung. Das Vorhandensein oder Fehlen von Herzensgehorsam in meinem eigenen Leben zeigt mir, ob ich Gott kenne (d. h. ein Gotteskind bin) oder nicht.[40]

- *Wie errechnet man den Zehnten aus Geschäftstätigkeit?*

  Es soll Unternehmer geben, die den Zehnten aus dem vollen Einkommen, also dem Umsatz geben. Dies war sicher in biblischer Zeit die Regel, da die Menschen fast

37 - Ellen White: *Testimonies IX*, 249.
38 - Andere übersetzen »berauben« (Elberfelder).
39 - Vgl. 1Kor 6,9f.
40 - Vgl. 1Joh 2,3-5: »an dem merken wir, dass wir ihn kennen«

alle Bauern (Unternehmer) waren und von der gesamten Ernte den zehnten Teil gaben. Heute scheint die Regel zu sein, den Zehnten aus dem Jahresgewinn zu geben; oft mit monatlichen Vorauszahlungen. Da Gott zuerst kommt, geht es um den Zehnten vom Rohgewinn, also vor dem Abzug von Steuern, Abgaben und Selbstentnahmen. Da der tatsächlich entstandene Jahresgewinn durch bestimmte Geschäftsentscheidungen beeinflussbar ist, geben andere Unternehmer den Zehnten aus allen mit Erfolg abgeschlossenen Geschäften. Wichtig ist, dass jeder die Entscheidung für seinen Zehnten vor Gott trifft.

4. Gott will vor allem Menschen retten

Unsere missionarische Verantwortung

Es ist das Grundanliegen Gottes, dass sein Reich gebaut wird, indem Menschen zu Jüngern Jesu werden: »Mir ist gegeben alle Gewalt im Himmel und auf Erden. Darum gehet hin und machet zu Jüngern alle Völker: Taufet sie auf den Namen des Vaters und des Sohnes und des heiligen Geistes und lehret sie halten alles, was ich euch befohlen habe. Und siehe, ich bin bei euch alle Tage bis an der Welt Ende.« (Mt 28,18-20) Jesus bezeichnete die Ehre Gottes als Ziel seines Lebens: »Ich ehre meinen Vater … Ich suche nicht meine Ehre.« (Joh 8,49f.)

Daher sollte auch das vorrangige Ziel eines jeden christlichen Unternehmers sein, zur Ehre Gottes beizutragen. Wie das im Einzelnen geschieht, ist unterschiedlich. Es ist abhängig von unseren persönlichen Fähigkeiten, unserem Glauben, unserer Kreativität und der individuellen Führung Gottes.

Die wichtigste persönliche Voraussetzung für das Gewinnen eines Menschen für Christus ist unsere eigene Heilsgewissheit und ein vom Heiligen Geist erfülltes Leben.[41] Als Präsident der Generalkonferenz fasste Robert Folkenberg die Beziehung zwischen Heilsgewissheit und Mission in dem prägnanten Satz zusammen: »Keine Gewissheit, keine Mission!«

Jeder Christ und besonders jeder christliche Unternehmer sowie jede christliche Führungskraft kann Jesus in Wort und Tat bezeugen, und zwar direkt und indirekt. Bei Unternehmern geschieht dies natürlich vor allem gegenüber Mitarbeitern, anderen Unternehmern, Geschäftsfreunden und sonstigen Kontakten. Die Geschäftstätigkeit von Unternehmern und Selbstständigen bietet ihnen hervorragende Möglichkeiten zur Ausbreitung des Reiches Gottes in der Heimat und in der Ferne. Dennoch gilt Jesu Aufruf unterschiedslos allen Personen: »Folget mir nach; ich will euch zu Menschenfischern machen.« (Mt 4,19) – »Seid allezeit bereit zur Verantwortung vor jedermann, der von euch Grund fordert der Hoffnung, die in euch ist.« (1Pe 3,15)

Bei unserem Zeugnis gilt es, einerseits auf die nötige Toleranz zu achten, damit wir Menschen weder unter Druck setzen noch manipulieren. Andererseits geht es auch um die Beachtung der Dringlichkeit. Ist unser Zeugnis geprägt von der Überzeugung, dass die Wiederkunft unseres Herrn Jesus ganz nahe ist?

Es gibt ein millionenfach erprobtes Arbeitsheft, um Menschen Jesus vorzustellen, eine kurze geistliche Diagnose durchzuführen und sie – so sie interessiert sind – mit Jesus in Verbindung zu bringen. Das kann in nur einer Begegnung geschehen. Die adventistische Version heißt *Ergreife das Leben*.[42] Von »Campus für Christus« gibt es noch eine spezielle Ausgabe, um Geschäftsleuten Jesus vorzustellen. Sie trägt den Titel *Invest in the Best*.

---

41 - Vgl. Bill Bright: *Gewissheit im Glauben – Wie erfährt man das?*. – Weiteres Material: Michael Dörnbrack: »Knechte Gottes oder Freunde Gottes: Wie werde ich erlöst, und wie habe ich Heilsgewissheit?«, in: *BWgung*, März 2009. – Bill Bright: *Beständiges Leben im Heiligen Geist – Wie lernt man das?* – Helmut Haubeil: »Freundschaft mit Gott« (Seminar), Teil 5 (Wiedergeburt) und 6 (Leben im Heiligen Geist; darin wird betont, welche Bedeutung das Beten aufgrund von Verheißungen für die Erfüllung mit dem Heiligen Geist hat und warum es biblisch gesehen richtig ist, jeden Tag darum zu beten).

42 - Zu beziehen vom Zentrallager des SDV (*sdv.adventist.eu/zentrallager*).

Wir alle haben unterschiedliche Talente. Da sich gerade Geschäftsleute dadurch auszeichnen, dass sie gut entscheiden und organisieren können, sind sie auch gut für den Aufbau bzw. die Leitung von Missionsgruppen und Missionswerken (*Supporting Ministries*) geeignet. Sie haben gute Voraussetzungen, um größere Projekte im In- und Ausland zu entwickeln, zu begleiten, vorwärtszubringen, zu beraten und finanziell zu unterstützen. Nicht zu unterschätzen ist auch ihre in der Regel vergleichsweise hohe Glaubwürdigkeit in ihrem sozialen Umfeld. Es ist enorm, was bereits heute durch adventistische Geschäftsleute geschieht. Aber die Aufgabe, das Evangeliumswerk zu vollenden, ist so unermesslich groß, dass jeder von uns gebraucht wird. Und natürlich gibt es auch unter Angestellten, Studenten und Rentnern exzellente Organisatoren mit Führungsqualitäten. Wichtig ist: Der Herr selbst muss durch uns wirken, damit die Ergebnisse über unsere menschlichen Möglichkeiten hinausgehen.

Selbstunterhaltende Missionare der Urgemeinde

Die Juden waren unter Kaiser Claudius aus Rom vertrieben worden. Das war etwa 50 n. Chr. Unter ihnen war das Ehepaar Aquila und Priszilla, die ein Unternehmen für die Herstellung von Planen, Segeln und Zelten besaßen. Sie bauten ihren Betrieb in Korinth neu auf. »Paulus zog Erkundigungen über sie ein, und als er erfuhr, dass sie Gott fürchteten und darauf bedacht waren, die schlechten Einflüsse um sich herum zu meiden, suchte er sie auf, blieb … bei ihnen und arbeitete mit ihnen«[43]. Für Planen und Segel war in der Hafenstadt Korinth sicher großer Bedarf. Und Paulus war ja nicht nur Theologe, sondern auch gelernter Zeltmacher.

Aquila und Priszilla führten ihr Geschäft offenbar als ProJesus-Unternehmen. Wir wissen, dass Paulus in Korinth als selbstunterhaltender »Zeltmacher-Missionar« nicht nur mit diesem Unternehmerehepaar arbeitete, sondern auch bei ihnen wohnte. Ihr Heim war

43 - Ellen White: *Das Wirken der Apostel*, 348.

Stützpunkt für den Gemeindeaufbau und Ort einer Hausgemeinde. Wir können sogar von einer Laien-Missionsschule sprechen, denn hier bildete Paulus – wie bereits weiter oben ausgeführt – Timotheus, Silas und andere, aber auch Aquila und Priszilla theoretisch und praktisch als Missionare aus. Ganz sicher beteiligten sich die beiden auch finanziell an der Verbreitung des Evangeliums.

»Bei den Juden galt körperliche Arbeit nicht als außergewöhnlich oder gar entwürdigend. Mose hatte die Hebräer unterwiesen, ihre Kinder zum Fleiß zu erziehen. Als Sünde galt, die Jugend aufwachsen zu lassen, ohne sie zu körperlicher Arbeit anzuleiten. Selbst wenn das Kind zu einem geistlichen Amt herangebildet werden sollte, hielt man die Kenntnis der Dinge des praktischen Lebens für notwendig. Jeder junge Mann musste ein Handwerk erlernen, ob seine Eltern begütert waren oder nicht. Versäumten die Eltern, für eine derartige Ausbildung ihrer Kinder zu sorgen, sah man darin ein Abweichen von der Anweisung des Herrn.«[44]

Paulus arbeitete, wie gesagt, zu seiner Zeit in Korinth als selbstunterhaltender Missionar, d. h. gleichzeitig als Zeltmacher und als Verkündiger des Evangeliums. Von diesem Vorbild des Apostels Paulus kommt der heutige Begriff »Zeltmacher-Missionar«. Gemeint ist damit jeder selbstunterhaltende Missionar, ganz gleich in welchem Beruf er arbeitet. Was können wir daraus lernen? Es ist durchaus nicht gegen die Würde eines Predigers, sich unter entsprechenden Umständen seinen Lebensunterhalt durch seiner Hände Arbeit zu verdienen. Vielleicht wird es in Zukunft auch für Prediger wieder sinnvoll sein, einen Beruf erlernt zu haben. Denn vor uns liegen schwierige Zeiten. Da kann es notwendig werden, dass sich Prediger ganz oder teilweise selbst versorgen.

Bei der Ausbildung an Laien-Missionsschulen wird in vielen Ländern darauf geachtet, dass die Studenten, die danach als Pioniere oder Neulandarbeiter hinausgehen, auch eine Berufsausbildung haben. So können sie nämlich ganz oder teilweise selbstunterhaltend arbeiten. Dies hat außer dem Erwerb des Le-

44 - Ebd., 345.

bensunterhalts noch manche anderen Vorteile: Man gewinnt mehr Einblick in das praktische Leben. Man weiß, wie Menschen sich ihr Brot verdienen müssen. Man lernt dadurch ihr Leben und ihre Sorgen besser kennen. Hinzu kommt: Schon »Paulus fand durch seine handwerkliche Tätigkeit Zugang zu einer Klasse von Menschen, die er sonst nicht hätte erreichen können. Seinen Gefährten zeigte er, dass Geschicklichkeit in den gewöhnlichen Handfertigkeiten auch eine Gabe Gottes ist. Paulus gab ein Beispiel, dass man auch durch seine alltägliche Arbeit Gott ehren müsse.«[45]

Seine Planen, Segel und Zelte waren mit Sicherheit von guter Qualität. Dabei wollen wir Aquila und Priszilla nicht vergessen. Sie hatten dies durch ihren Betrieb und ihre Gastfreundschaft erst möglich gemacht. Paulus arbeitete vermutlich zumindest zeitweise in Teilzeit. So blieb ihm genügend Zeit für die Evangeliumsverkündigung. Zu anderen Zeiten wird er sich ganz der Verkündigung gewidmet haben.

Hausgemeinden wie die in Aquilas und Priszillas Heim spielten in der Entstehung des christlichen Glaubens eine große Rolle. Sie haben auch heute eine große Bedeutung im Aufbau der Gemeinde – nämlich dort, wo der Glaube unterdrückt wird, wo die wirtschaftlichen Verhältnisse es nicht zulassen oder wo Gemeinden erst aufgebaut werden müssen. Mein (HH) Großvater, der einer der ersten Adventisten am Bodensee war, hatte in seinem Geschäftshaus der Gemeinde Lindau-Land einen Saal zur Verfügung gestellt. In einem Betriebsraum hatte er ein Taufbecken einrichten lassen. Hausgemeinden werden in der Endzeit vermutlich erneut große Bedeutung erlangen.

Das Team Paulus, Timotheus, Silas, Aquila und Priszilla arbeitete gut anderthalb Jahre zusammen. Daraus entstand eine bedeutende Gemeinde in Korinth. Danach ging das Unternehmer-Ehepaar mit Paulus nach Ephesus, um auch dort eine Gemeinde aufzubauen. Das ist ein wichtiger Vorgang. Gemeindeglieder ziehen an einen anderen Ort, um beim Aufbau einer neuen Gemeinde zu helfen.

45 - Ebd., 350ff.

Der Apostel Paulus hielt sich zunächst nur kurze Zeit in Ephesus auf. Man könnte fast sagen: im Sinne einer Gebietsvorbereitung. Dann ging er weiter nach Jerusalem. Nach einigen Monaten kam er zurück. In der Zwischenzeit dürfte das Werk in Ephesus in den Händen von Aquila und Priszilla gewesen sein. Sie waren Gemeindeglieder, denen man etwas anvertrauen konnte. Sie waren auch auf dem Gebiet der Missionsarbeit Führungskräfte geworden.

In dieser Zeit, in der sie auch die Synagoge der Juden besuchten, predigte dort ein Gast: »Apollos, ein beredter Mann und mächtig in der Schrift«. Aber sie stellten in seiner Verkündigung auch Schwächen fest. Es ist bemerkenswert, wie sie mit ihm umgingen. Sie sagten ihm nicht an der Tür: »Bruder, da hast du etwas nicht richtig gesagt.« Nein, sie luden ihn ein in ihr Heim und führten ihn tiefer in die Lehre Gottes. Dabei scheint Priszilla sogar führend gewesen zu sein. Wenn Apollos heute lebte, hätte er sicher einen Doktortitel. Der gebildete »Dr. Apollos« wurde von einem Handwerker-Ehepaar unterrichtet. Wir sehen, dass Aquila und Priszilla keine unangemessenen Hemmungen hatten. Die brauchen Gotteskinder auch nicht zu haben. Aquila und Priszilla waren zwei tüchtige Missionare. Sie müssen auch als Ehepaar gut harmoniert haben. Sie werden sechsmal in der Bibel erwähnt. Dabei werden sie immer zusammen genannt. (An vier Stellen wird Priszilla vor ihrem Mann erwähnt.[46])

Die hohe Glaubwürdigkeit von Laiengliedern

Kurz nach der Wiedervereinigung Deutschlands hatte der adventistische Elektronik-Erfinder Bernd Kappler in seinem thüringischen Heimatort Mengersgereuth-Hämmern ein Unternehmen für Auftragsentwicklung im Bereich anspruchsvoller Elektroniksysteme gegründet (*BEAK electronic engineering*). 1996 machte Bernds Vater, ebenfalls ein treuer Adventist, den

46 - Apg18,1-5.24-28; Röm 16,3; 1Kor 16,19; 2Tim 4,19; Ellen White: *Das Wirken der Apostel*, 345ff.

Vorschlag, das eigene technische Know-how für die Einrichtung eines lokalen Missionsfernsehens zu nutzen. Doch die Hürden schienen zunächst zu hoch. Allein für die Anschaffung von Kameras und anderem technischen Gerät hätten sie umgerechnet über 50 000 Euro gebraucht. Doch wie schon so oft, erinnerten sich die beiden Männer daran, dass bei Gott alles möglich ist. Sie gingen auf die Knie und beteten. Tatsächlich dauerte es nicht lange und das Unternehmen erhielt – fast wie aus heiterem Himmel – einen Großauftrag. Dieser gab ihnen nicht nur das nötige Kapital; die Durchführung des Auftrags zwang sie auch praktisch, eine komplette Fernsehausrüstung zu kaufen, die sie jetzt in mehr als einer Hinsicht einsetzen konnten.

Die zunächst bescheidenen Programme, bei denen sie etwa den Erntedankgottesdienst einer örtlichen Adventgemeinde oder eine Andacht des Vaters zum Totensonntag aufzeichneten, wurden dann in das regionale Kabelnetz eingespeist. Nachweislich war das »Steinacher Missionsfernsehen« für ein Ansteigen der Einschaltquoten in der Region bis zu 15 000 Zuschauern verantwortlich.

Die in dieser Region besonders unzugänglichen Menschen, die kaum für Religiöses ansprechbar waren, schätzten den lokalen Bezug der Sendungen. Durch die Bekanntgabe einer Adresse und Telefonnummer auf dem Bildschirm wurde ein engagiertes Feedback ausgelöst. Das Ende dieser in Deutschland wohl einmaligen Episode kam aber mit der Verabschiedung eines neuen Mediengesetzes im Jahr 1999. Der Vertreter einer der beiden großen Kirchen sorgte dann als Mitglied des Medienbeirats für eine drastische Einschränkung der Religionsfreiheit. Das Kapplersche Missionsfernsehen musste sich einer Zensur unterwerfen. Bibeltexte durften nicht mehr verlesen werden. Alles Religiöse und Missionarische musste aus dem Programm verschwinden. Damit war dem Sender der Zweck entzogen. Er stellte im Jahr 2000 seine Arbeit ein.

Dennoch: Die vier Jahre haben den Namen der Adventgemeinde und die christliche Überzeugung von Bernd Kappler in der Region bekannt gemacht. Als er 2003 – nachdem er im

Rahmen des *Global Evangelism*-Programms (heute *Share Him*) in Kenia »geübt« und sich einige hundert Menschen für die Taufe entschieden hatten – in Sonneberg eine konventionelle Evangelisation abhielt, reichten die 200 Stühle nicht aus, um den Andrang der Besucher zu bewältigen. Auch hier, wo sich schon professionelle Evangelisten die Zähne ausgebissen hatten, waren wieder Entscheidungen für Christus die Folge.

Auf die berechtigte Frage, die Bernd einigen seiner Besucher stellte: »Wieso seid ihr in der Vergangenheit nicht zu unseren Vorträgen gekommen?«, antwortete nicht nur einer: »Ja, damals war ein Pastor der Sprecher. Der muss ja vom Glauben reden. Der wird dafür bezahlt. Aber Sie sind Geschäftsmann, und Sie kennen wir. Das hat uns viel mehr interessiert.« Kann es sein, dass diese Leute, ohne dass sie es wollten, den Zweck und Wert von adventistischen Geschäftsleuten in der Mission (und von ASI), wenn nicht gar die Glaubwürdigkeit von Laienevangelisten ganz allgemein, auf einzigartige Weise auf den Punkt gebracht haben?

Unsere Treue öffnet Gott Möglichkeiten

Die Treue Daniels und seiner Freunde gab Gott die Möglichkeit, außergewöhnliche Missionsvoraussetzungen zu schaffen (Standbild, Feuerofen, Nebukadnezars Traum über den großen Baum, Löwengrube). Sie führten dazu, dass Nebukadnezar sich bekehrte und dass zwei Weltreiche vom wahren Gott erfuhren. Es zeigt: Gott benutzt gewöhnliche Menschen, um außergewöhnliche Pläne zu verwirklichen. Auch heute gibt es viele Möglichkeiten, wie wir dem Herrn persönlich und auch mit unseren finanziellen Mitteln dienen können. Manche dieser Möglichkeiten sind uns bekannt. Aber eine nicht oder kaum bekannte Möglichkeit möchten wir hier noch vorstellen.

Ein amerikanischer Geschäftsmann sagte in einer Unterhaltung mit einem Mitarbeiter, dass er jeden Tag 24 Stunden für Christus wirke. »In allen meinen geschäftlichen Beziehungen«, bemerkte er, »versuche ich, meinen Meister darzustellen. Wenn sich die Gelegenheit bietet, trachte ich danach, Seelen für ihn zu gewinnen. Den ganzen Tag wirke ich für Christus, und nachts, während ich schlafe, habe ich in China einen Mann, der für ihn arbeitet«[47] (er unterstützte einen Missionar).

Die beste Investition, die es zurzeit gibt, ist die Ausbildung und Unterstützung von Seelengewinnern, das heißt, die Förderung von sogenannten Pionieren sowie Laien-Missionsschulen für die Ausbildung von Pionieren und die Weiterbildung erfolgreicher Pioniere zu Lehrern für neue Missionsschulen. Pioniere sind in bestimmten Ländern Laien-Missionare bzw. Neuland-Missionare. Sie haben bereits über 11 000 neue Gemeinden gegründet. Es gibt solche Missionsschulen in der Trägerschaft der Gemeinschaft oder auch von selbstunterhaltenden Werken, die ASI-Mitglieder sind.

47 - Ellen White: *Diener des Evangeliums*, 404.

5. Wie führe ich Menschen zu Christus?

Wenigstens *einen* Menschen gewinnen

»Menschen zu retten, sollte die Lebensaufgabe für jeden sein, der Christus bekennt.«[48] Jesus selbst hat uns dazu den Auftrag gegeben, als er sagte: »Wie mich mein Vater gesandt hat, so sende ich euch.« (Joh 20,21) Ferner kennen wir seine Aussagen »Machet zu Jüngern«, »Ihr werdet meine Zeugen sein« und »Ich habe dich den Heiden zum Licht gesetzt«. Dennoch müssen wir gestehen, dass viele von uns weit hinter dieser göttlichen Vorgabe zurückgeblieben sind. An dieser Stelle sollten wir eine ehrliche Inventur machen: Habe ich mich eingesetzt, um Menschen für Jesus zu gewinnen? Einigen von uns ist es gelungen, anderen nicht. War das Ergebnis für mich befriedigend?

Der nachfolgend gezeigte Weg, der in der Praxis erprobt wurde, soll uns allen neuen Mut schenken, im Namen Jesu vorwärtszugehen. Als Erstes sollten wir folgendes Gebet sprechen: *»Vater, bitte wecke in mir das Verlangen mitzuhelfen, eine verlorene Welt für dich zu gewinnen.«*

48 - Ellen White: *Im Dienst für Christus*, 13.

Im Herbst 2005 stellte die Generalkonferenz eine evangelistische Vision vor. Der Name: *Tell the World* (Sag es der Welt). Dazu gehört das Konzept *Win One* (Gewinne Einen). Auf der entsprechenden Website heißt es dazu: »*Tell the World* will erreichen, was keine andere adventistische Initiative erreicht hat, nämlich innerhalb von fünf Jahren fünf Millionen Menschen zu Jesus zu bringen. ›Gewinne Einen‹ fordert unsere Gemeindeglieder heraus, in dieser Zeit wenigstens *eine* Person zu Jesus zu bringen. Das ist möglich.«[49]

Dieses Ergebnis, nämlich fünf Millionen Menschen für Christus zu gewinnen, wird erreicht, wenn fünf von insgesamt 16 Millionen Gemeindegliedern mit Gottes Hilfe innerhalb von fünf Jahren je nur einen Menschen für Christus gewinnen. Ja, durch Gottes Gnade und durch Gemeindeglieder, die vom Heiligen Geist erfüllt sind, ist dies möglich. Solche Bemühungen um andere Menschen sollten wir nicht als eine Belastung betrachten. Vielmehr ist es ein Vorrecht, Jesus zu dienen. Es ist eine gute Gelegenheit, jemanden näher oder ganz zu Jesus zu führen. Es ist das Beste und Wichtigste, was wir für einen Menschen tun können. Die adventistische Süd-Ecuador-Vereinigung arbeitet bereits auf dieser Basis. Sie bezeichnet ihr Vorhaben als »Goldenen Plan«[50]. Jeder, der daran interessiert ist, mit dem Werk der Seelenrettung Ernst zu machen, sollte sich mit dem Auftrag Jesu, Menschen zu gewinnen, beschäftigen.

Unser Hauptproblem: das Einstiegsgespräch

Für die meisten von uns ist das Einstiegsgespräch ein kritischer Punkt. Wie schaffe ich es, ungezwungen und glaubwürdig über den Glauben zu sprechen? Es geht dabei in etwa um folgende Fragen:

49 - *www.adventistmission.org* – »Tell the World« – Personal Witness

50 - Dieser Plan ist nachzulesen unter *www.missionsbrief.de* – »Missionsbausteine« – »Goldener Plan«.

- Welche Einstiegsfrage gibt es, die taktvoll und trotzdem direkt zur Hauptsache führt?
- Wie kann ich einer Person Jesus vorstellen und ihr einen ersten Grundriss des Erlösungsplanes zeigen?
- Wie kann ich eine geistliche Diagnose durchführen, damit die betreffende Person weiß, wo sie steht und wo sie in Zukunft hinmöchte – selbstverständlich auch, damit ich ihr gegebenenfalls beistehen kann?
- Wie kann ich jemandem helfen, der dafür offen ist, Jesus anzunehmen?

Dank sei Gott, dass es gute Antworten auf diese Fragen gibt. Sie stehen in dem Heft *Ergreife das Leben*.[51] Jeder kann lernen, damit umzugehen. Dieser Weg wird bereits seit vielen Jahren weltweit erfolgreich angewendet. Bevor wir darauf näher eingehen, will ich (HH) über meine diesbezüglichen Erfahrungen berichten. Ich tue dies, damit anderen unnötige Wege erspart bleiben, Wege, die keinen oder nur wenig Erfolg haben.

Laien als Prediger

Zur Ermutigung aller Gemeindeglieder möchte ich sagen, dass ich – und mit mir zwei weitere Brüder – seinerzeit als Laie, d. h. ohne theologische Ausbildung in den Dienst als Prediger gerufen wurde. Das geschah, weil es damals einen großen Predigermangel gab. Ich hatte allerdings seit einigen Jahren eine praktische Ausbildung als Jugend-, Sabbatschul-, Heimatmissions- und Gemeindeleiter erhalten. Darüber hinaus hatte ich bei meinem Englisch-Studium am *Newbold College* in England einige Bibelfächer belegt und bei Evangelisationen von Kurt Hasel im Raum Ravensburg mitgearbeitet. Hinzu kam eine Mitarbeit in Gemeinde- und Vereinigungsausschüssen.

51 - Es gibt eine besondere Version für Geschäftsleute (s. u.: »Arbeitshefte«).

Manche meiner umfangreichen Bemühungen, Menschen für Christus zu gewinnen, hatten zunächst nur mäßige Ergebnisse. Meine Misserfolge führten mich dann aber Schritt für Schritt zu bestimmten Erkenntnissen und – durch die Gnade Gottes – zu guten Ergebnissen. Dabei habe ich Folgendes gelernt:

- Zuerst den Menschen *Jesus* vorstellen,
- danach einführen in die *Jüngerschaft*,
- dann die Grundlehren der *Wahrheit* behandeln und – wenn die Zeit reif ist –
- helfen bei der Entscheidung für die *Taufe* und die Gemeinde.

Erste Schlüsselerfahrung: Regensburg

Als ich 1968 Prediger wurde, begann gerade die Aktion »Die Bibel spricht«. Das bedeutete, an der Haustür eine Meinungsumfrage durchzuführen und dabei eine Geschenkbibel anzubieten. Diese Bibel wurde den Interessenten sofort überreicht – allerdings mit der Abmachung, dass sie erst ihr Eigentum wird, wenn sie 24 Bibellektionen studiert haben. Die ersten beiden Lektionen ließen wir gleich dort. Wir holten sie nach ein bis zwei Wochen zur Korrektur ab und überbrachten die nächsten beiden Themen. Die Gemeinde Regensburg arbeitete einmalig gut mit. Wir gingen jeden Sabbatnachmittag mit 24 Personen hinaus. Das war im Winter 1968/69. Nach einigen Monaten hatten sich 700 Personen zum Studium des Kurses bereit erklärt. Diese Missionstätigkeit war als wichtige Vorbereitung für eine Großevangelisation gedacht. Sie sollte ab April 1969 mit dem Evangelisten der Generalkonferenz Prof. Andrew C. Fearing stattfinden. Die Fortsetzung der Vortragsreihe übernahm Reinhard Rupp, damals Evangelist des Süddeutschen Verbandes. Durch Gottes Gnade wurden innerhalb von zwei Jahren 32 Teilnehmer der Evangelisation getauft. Um sie zur

Entscheidung zu führen, benutzte ich die zehn Entscheidungsthemen von Bruder Fordyce Detamore.[52]

Leider stammte aber nur eine einzige Person unter den Täuflingen aus dem Kreis der 700 Die-Bibel-spricht-Teilnehmer. Wir fragten uns, woran das wohl liegen könne. Nach einigem Überlegen kamen wir zu der Erkenntnis, dass wir meist nur »Briefträgerarbeit« geleistet hatten. Wir hatten nicht in ausreichendem Maße den persönlichen Kontakt gesucht. Außerdem wuchs bei uns die Überzeugung, dass die Lektionsreihe zu rasch auf die Lehrpunkte gekommen war, ohne die Teilnehmer vorher zu Jesus geführt zu haben. Ich schätze, dass wir über 7000 Besuche gemacht hatten. Solche großen Anstrengungen ohne (greifbaren) Erfolg möchten wir anderen ersparen. Deshalb gehe ich ausführlich auf diese Fragen ein. Es ist wesentlich leichter, aus den Erfahrungen anderer zu lernen.

Zweite Schlüsselerfahrung: Straubing

Unser nächster großer Einsatz war in Straubing, und zwar im Jahr 1971/72. Wieder führten wir uns mit der Meinungsumfrage bei den Menschen ein. Aber als Nächstes stellten wir die tausendfach erprobte Einstiegsfrage aus dem Heft *Ergreife das Leben:* »Angenommen, Sie sterben heute: Hätten Sie die Gewissheit auf ewiges Leben mit Jesus Christus?« In der Regel führte das zum gemeinsamen Lesen des Heftes. Einige der Angesprochenen waren davon so berührt, dass sie uns die Adressen ihrer Angehörigen gaben und uns baten, wir sollten diese ebenfalls besuchen und mit ihnen das kleine Heft durchnehmen.

Nach dem Studium des Heftes betrachteten wir mit ihnen fünf Lektionen, die die Jugendabteilung der Generalkonferenz veröffentlicht hatte, um junge Menschen zu Jesus zu führen. Erst danach kamen dieses Mal die Die-Bibel-spricht-Lektionen an

52 - Siehe *www.missionsbrief.de* – »Missionsmaterial« – »In der Nachfolge Christi« (als Text, JPG oder PowerPoint-Präsentation verfügbar).

die Reihe. Wir gewannen insgesamt 150 Teilnehmer für diesen Bibelkurs. Danach hatten wir wieder eine Großevangelisation – diesmal mit Kurt Hasel als Evangelist. Sie lief über 52 Abende. Daraus ergaben sich durch Gottes Segen 13 Taufen. Zu ihnen gehörten sieben Personen aus dem Kreis unserer 150 Kontakte. Das war also erheblich besser als die erste Erfahrung.

Dritte Schlüsselerfahrung: München

Die nächste große Erfahrung war in den Gemeinden München-Ost und München-Waldperlach, und zwar im Jahr 1973/74. Nach sechs evangelistischen Kontaktvorträgen, die ich zusammen mit dem Arzt Dr. Waldemar Maretz hielt, luden wir zu einem Bibelkreis ein. An diesem nahmen sieben Gäste teil. Wir studierten mit ihnen die neun Broschüren der Reihe *Mitteilbare Konzepte* (kurz MK) von Bill Bright. Das ist eine kurze, biblisch und pädagogisch gut ausgearbeitete Reihe über Jüngerschaft mit Einführung in persönliche Evangelisation. Diese Reihe ist für die Bewältigung der folgenden, aus umfangreichen Meinungsumfragen zusammengetragenen Grundprobleme geschaffen worden:

- Viele Christen haben keine Gewissheit über ihre persönliche Beziehung zu Christus.
- Sie führen ein von Niederlagen und Enttäuschungen gekennzeichnetes Leben.
- Sie wissen nicht, wie sie anderen ihren Glauben auf wirksame Weise mitteilen können.

Nach diesem Studium luden wir die Gäste zu einer Langzeitevangelisation ein, die ich in München-Waldperlach hielt. Abgesehen von anderen Täuflingen wurden von den sieben Personen aus dem Bibelkreis fünf getauft. Das war das beste Ergebnis, das ich jemals in einem solchen Dienst erzielen konnte.

Ich denke, dass aus diesen Erfahrungen jedermann erkennen kann, welch große Bedeutung die Reihenfolge in der

Vorgehensweise hat (natürlich gibt es auch Ausnahmen). Wer den ersten Knopf an seiner Jacke falsch einknöpft, bekommt spätestens in Bauchhöhe Probleme. Er muss von vorn anfangen. Wer im Glauben nicht den richtigen Anfang macht, wird das Ziel verpassen. Man kann auf Nebenwege geraten, die zwar interessant sein mögen, aber sie helfen nicht wirklich weiter. Und sie führen nicht zu dem erwünschten Ergebnis, nämlich Menschen zu Christus zu führen. Lasst uns daher Menschen zuerst mit Jesus bekannt machen.

Nach diesen Erfahrungen habe ich bei allen Missionskontakten mit den Interessenten zuerst die *Mitteilbaren Konzepte* durchgenommen. Dabei haben wir an passender Stelle auch das Studium des Heftes *Ergreife das Leben* eingefügt. Erst danach haben wir unsere übliche Bibelstundenreihe betrachtet. Es hat sich gezeigt, dass Menschen, die zuerst eine Entscheidung für Jesus getroffen haben, besser motiviert sind und auch eher die Kraft dazu haben, die Lehren der Bibel anzunehmen und umzusetzen.

Vierte Schlüsselerfahrung: Saarbrücken

In der Adventgemeinde Saarbrücken lud ich im Jahr 1978 zuerst den Jugendausschuss zu einem Studium der *Mitteilbaren Konzepte* ein. Die jungen Leute waren zunächst skeptisch. Das änderte sich jedoch rasch, als sie durch dieses Studium Glaubensgewissheit fanden und frohe Nachfolger Jesu wurden. Als wir mit diesen Themen die Gemeinde für ein Seminar gewinnen wollten, gaben die Jugendlichen wunderbare Zeugnisse. Der Herr hat auch dort diese Themenreihe benutzt, um Menschen zu überzeugen.

Während meines Dienstes im Saarland notierte ich mir, wie viele Menschen bei der Betrachtung des Heftes *Ergreife das Leben* das Übergabegebet beteten. Es waren 62. Von diesen Personen wurden über 30 getauft, einige von ihnen erst, nachdem ich Saarbrücken wieder verlassen hatte.

Fünfte Schlüsselerfahrung: Bad Aibling

Von 1985 bis 1994 führten wir in jedem Jahr im Frühjahr und im Herbst das Seminar *Besser Leben* durch. Manchmal gaben wir dem Seminar einen anderen Namen. Es waren jeweils elf bis zwölf Abende. Durch Gottes Hilfe gewannen wir bei fast jedem Seminar Menschen für Christus. Mancher Gast oder Mitarbeiter unseres Altenheims besuchte das Seminar sogar zwei- oder dreimal.

Die Seminarabende waren wie folgt aufgebaut:[53] Zuerst ein 30-Minuten-Thema über Gesundheit, Familie, »Der Christ im Beruf« oder Ähnliches aus dem alltäglichen Leben. Der Hauptteil von 60 Minuten behandelte dann stets die Jüngerschaftsfragen, und zwar anhand der neun *Mitteilbaren Konzepte*. Dem fügten wir noch weitere Themen hinzu, darunter »Die Bedeutung der Ortsgemeinde für unser Glaubensleben« und »Aberglaube«[54]. Danach folgten für Interessenten die üblichen Bibelstunden.

Ab 1984 boten wir in unserem Altenheim Ausbildungen zum Bürokaufmann, zur Hauswirtschafterin, zum Koch, zur Altenpflegehelferin (ein Jahr) und zur Altenpflegerin an (drei Jahre mit Blockunterricht in der Altenpflegefachschule). Außerdem hatten wir fünf Zivildienstleistende. Bei der Einstellung fragten wir die jungen Leute jeweils, ob sie außer der Berufsausbildung an Bibel- und Gesundheitsunterricht interessiert seien. Dabei baten wir sie um Verständnis, dass wir unsere wenigen Ausbildungsstellen für solche jungen Leute reservieren wollten, die an allen Bereichen interessiert seien. Wir betonten, dass sie sich nur dann für uns entscheiden sollten, wenn sie am Gesamtangebot interessiert

53 - Vgl. Helmut Haubeil: »Seelengewinnung durch Institutionen – wie ist das möglich?« (ausführliches Referat über die Arbeit mit dem Seminar »Besser leben«)

54 - Näheres zum Thema »Aberglaube« in Kurt Hasel: *Zauber des Aberglaubens* (beziehbar über *www.adventistbookcenter.at*).

seien. Die Teilnahme am Fach-, Bibel- und Gesundheitsunterricht sei für die ganze Ausbildungsdauer verbindlich.[55] Allerdings versicherten wir ihnen, dass sie ihre volle Entscheidungsfreiheit behalten würden, wenn es um die Frage ging, was sie mit den Glaubenserkenntnissen machen würden. Fast alle wollten zu uns kommen. Den Bibel- und Gesundheitsunterricht und auch den Hauptteil der Seminare hielt Gabriele Stangl. Sie hatte eine Predigerausbildung und war Hauswirtschafts-Lehrerin für höhere Frauenfachschulen. Sie ist heute Seelsorgerin in unserem Krankenhaus Waldfriede in Berlin. Wir konnten uns in jedem Jahr über mindestens eine Taufe freuen. Es gab dabei zwei Jahre mit jeweils sieben Täuflingen – unter ihnen viele junge Mitarbeiter. Dies erwies sich als ein guter Weg für die jungen Leute – und für uns als Unternehmen –, konnten wir uns doch auf diese Weise an der Erfüllung des Missionsauftrags beteiligen.

Unser anderer großer Bereich war die Gründung eines Förderkreises für Außenmission, und zwar zusammen mit der Gemeinde Bad Aibling. Durch diese Arbeit wurden inzwischen in zehn bis dahin unbetretenen »Eine-Million-Gebieten« in Usbekistan Gemeinden oder Gruppen gegründet. Außerdem wird seit 2006 an der Evangelisierung von 20 weiteren unbetretenen Gebieten in Indien gearbeitet sowie manches andere Projekt gefördert.

Warum von Jesus reden?

Meine Erfahrung über viele Jahre evangelistischer Arbeit ist also: Es hat sich bewährt, Menschen zuerst zu Jesus zu führen und ihn in den Mittelpunkt zu stellen. Warum ist es so wichtig, dass wir von Jesus reden? Die Antwort soll hier nur kurz gegeben werden:[56]

---

55 - Heute würde ich noch Ethikunterricht aus den *Sprüchen Salomos* dazunehmen: Sie enthalten die biblische Ethik für unser Privat- und Berufsleben.

56 - Ausführlich unter *www.missionsbrief.de* – Gewinne Einen – »Andere zu Jesus führen – Wie macht man das?«

- Der Heilige Geist erfüllt wiedergeborene Christen mit der Liebe Gottes und bewegt ihr Herz, anderen von Jesus zu erzählen.
- Es ist Jesu Auftrag.
- Menschen ohne Jesus sind verloren.
- Jesus schenkt uns hier ein neues und erfülltes Leben und lässt uns teilhaben am göttlichen Leben in der Ewigkeit.
- Wer von Jesus spricht, wächst im Glauben.
- Es ist ein großes Vorrecht, Botschafter Gottes zu sein.
- Die Erfüllung mit dem Heiligen Geist macht uns zu Zeugen Jesu.
- Jesus macht frei von Schuld, von Suchtbindungen, von okkulten Belastungen und anderem.

WIE SOLL ICH VON JESUS REDEN?

Es gibt viele Möglichkeiten und Gesprächsansätze, wenn es darum geht, von Jesus zu reden. *Ein* Weg, der sich bewährt hat, ist der Einstieg über ein Arbeitsheft. Im Folgenden sind einige empfehlenswerte Arbeitshefte aufgeführt. Normalerweise genügt es, mit einem dieser Hefte zu arbeiten; sie sind alle gut.

- ***Ergreife das Leben:*** Postkartenformat, 14 Seiten. Dieses Heft ist seit 35 Jahren beim Zentrallager des Süddeutschen Verbandes der Freikirche der Siebenten-Tags-Adventisten (SDV) zu beziehen. Da dafür aber nie öffentlich geworben wurde, ist es nur einem relativ kleinen Kreis bekannt. Auf der Internetseite des *Missionsbriefes* befindet sich zusätzlich eine »Lehrerversion«, und zwar mit Antworten auf alle möglichen Zwischenfragen. Man kann diese bei Bedarf in sein eigenes Heft übertragen; viele werden aber auch ohne die Lehrerversion gut zurechtkommen.

- ***Gott persönlich kennenlernen:*** Ein ähnliches Heft von »Campus für Christus«, etwa halbe Postkartengröße, 20 Seiten. War der Betreffende für diese Lektüre oder für ein Übergabegebet nicht bereit, habe ich (HH) in der Regel später einen weiteren Versuch unternommen, und zwar unter Verwendung eines der anderen Hefte.
- ***Der Weg zum ewigen Leben:*** Etwa halbes Postkartenformat, 16 Seiten. Dieses Heft hat eine etwas andere, aber ebenfalls sehr gute Gedankenführung. Es wurde von Bruder Elden K. Walter, Evangelist i. R., in Kalifornien entwickelt. Es ist auch auf Englisch (*The Way To Eternal Life*) erhältlich.
- ***Invest in the Best:*** Ein weiteres Heft von »Campus für Christus«, das vor allem Geschäftsleute zu Jesus führen will. Man kann es im Buchhandel bestellen.

Eine ausführliche Anweisung enthält die Broschüre *Andere zu Jesus führen – Wie macht man das?*[57] Sie bezieht sich zwar auf das Arbeitsheft *Gott persönlich kennenlernen* von »Campus für Christus«; da die vier Schritte zu Jesus in diesem Arbeitsheft dem adventistischen Arbeitsheft *Ergreife das Leben* aber sehr ähnlich sind, kann man die Erklärungen der Broschüre auch für das adventistische Heft gut verwenden.

Bei *Ergreife das Leben* sind ergänzende Fragen vor allem bei den sogenannten Diagnosefragen nötig. Das sind Fragen, die dem Teilnehmer helfen, seinen geistlichen Stand zu erkennen und auch Klarheit darüber zu gewinnen, welchen Weg er in Zukunft gehen will. Außerdem sind einige zusätzliche Fragen vor dem Gebet erforderlich. Dies kann alles in der Lehrerversion von *Ergreife das Leben* nachgelesen werden (siehe *www.missionsbrief.de*). Bevor man mit *Ergreife das Leben* arbeitet, empfiehlt es sich, die zusätzlichen Fragen aus der Lehrerversion in sein eigenes Heft zu übertragen. Im Normalfall sollte man sein eigenes Heft nicht weitergeben,

57 - Unter *www.missionsbrief.de* – »Jüngerschaft« – »Mitteilbare Konzepte«.

denn es ist ja das persönliche Arbeitsmittel. Lieber sollte man immer mehrere Exemplare dabeihaben, damit *jede Person ihr eigenes Heft lesen* kann.

Ergreife das Leben zeigt den Weg vom ersten Kontakt mit Jesus bis zur Gewissheit der Errettung. Dabei ist wichtig, dass wir uns vom Geist Gottes leiten lassen, um den rechten Zeitpunkt für diesen bedeutenden Schritt – die Entscheidung für Christus – zu erkennen. Wenn wir nur eine einzige Möglichkeit für ein Gespräch haben, dann sollten wir bei diesem die Gelegenheit unter Gebet wahrnehmen.

Der Weg zur Annahme Jesu als Erlöser und Herr wird in vier Schritten behandelt:

1. **Gott liebt mich.** Deshalb hat er einen Plan für mich.
2. **Wir haben uns von Gott getrennt**! Sünde trennt von Gott.
3. **Jesus Christus starb wegen meiner Sünde.** Durch seinen Tod und seine Auferstehung ist für mich eine enge Beziehung zu Gott möglich geworden.
4. **Ich nehme Jesus Christus als meinen Herrn und Retter an.**

Wenn der Wunsch besteht, wird anschließend gemeinsam laut das Übergabegebet gesprochen.[58]

An dieser Stelle ein kleiner Hinweis bezüglich Heilsgewissheit: Sie ist abhängig von unserer Beziehung zu Jesus Christus. Das bedeutet, dass wir diese Gewissheit stets nur für *heute* haben können. Wir können nur für heute wissen, ob wir die rettende Beziehung zu ihm haben oder nicht. Da wir von Gott mit einem freien Willen ausgestattet worden sind, können wir diese Beziehung versanden lassen oder abbrechen. Schließlich behalten wir auch nach unserer Entscheidung für Christus unsere Entscheidungsfreiheit.

Und noch eines: Viele nehmen Christus gerne als ihren Retter an. Was aber bedeutet es, Christus auch als Herrn anzu-

58 - Weitere Hinweise enthält die Lehrerversion des Arbeitsheftes.

nehmen? Hier geht es um Glaubensgehorsam, Gemeinschaft mit Christus, Wachstum in Christus und die Entwicklung eines Charakters, der dem Charakter Christi immer ähnlicher wird. Wir nennen das auch Heiligung. Einerseits ist ein Mensch erst nach der Übergabe seines Lebens an Christus bereit und fähig, Christus auch im Gehorsam nachzufolgen und das zu tun, was er sagt. Andererseits lässt sich die Echtheit einer Übergabe auch daran überprüfen, ob jemand bereit ist, lebensverändernde Schritte auch dann einzuleiten, wenn sie der vertrauten Gewohnheit, Kultur und Mehrheitstradition zuwiderlaufen. Natürlich ist hier die Bibel der Maßstab.

Der Praxistest: Persönliche Begegnungen

Ich (HH) hatte Gelegenheit, mit einer etwa 40 Jahre alten leitenden Angestellten ein einziges Gespräch zu führen. Aufgrund der Einstiegsfrage war sie damit einverstanden, dass wir das Heft zusammen durchgingen. Sie war an der Annahme Jesu nicht interessiert. Beim Abschied sagte sie: »Ich danke Ihnen herzlich. Ich weiß jetzt zum ersten Mal in meinem Leben, um was es im christlichen Glauben geht.« Diese Dame war im Augenblick noch nicht bereit. Aber ist es nicht erfreulich, dass sie nach diesem Gespräch den Weg kannte? Somit hatte sie die Möglichkeit, später diesen Weg zu Jesus zu gehen.

Bei einer Reise von Bagdad nach Mossul teilte ich mit einem irakischen Studenten das Schlafwagenabteil. Wir unterhielten uns auf Englisch. Auch er war aufgrund der Einstiegsfrage interessiert zu erfahren, wie man Gewissheit erlangen kann. Am Ende war er zu einem Übergabegebet an Jesus Christus bereit. Ich hatte ihm erklärt, welchen Inhalt das Gebet haben würde und ihn gefragt, ob er das auch wolle. Er sagte, dass er in dem Sinne beten werde, aber dass er sich das nicht alles merken könne. Ich möge es ihm doch Satz für Satz vorbeten. So machten wir es. Ich wünschte ihm für seinen

Weg mit Jesus Gottes reichen Segen und machte ihn noch darauf aufmerksam, dass es in Bagdad, wo er zu Hause war, eine Adventgemeinde gibt.

Bei einem Erstbesuch im neuen Gemeindebezirk lernte ich eine Glaubensschwester und ihren 17-jährigen Contergan-behinderten Sohn kennen. Aufgrund der Einstiegsfrage waren auch sie bereit, mit mir das Heft *Ergreife das Leben* zu lesen. Sie waren beide offen dafür, in einem Gebet Jesus ihr Leben zu übergeben. Der junge Mann wurde etwas später getauft. Bei manchem öffentlichen Zeugnis hat er freudig bekannt, dass sein Leben als Behinderter durch Jesus eine neue Dimension gewonnen hat.

In einem anderen Fall erfuhr ich, dass der 38-jährige Ehemann einer Glaubensschwester ein großes Problem hatte. Er rauchte täglich 70 Zigaretten. Damit wollte er aufhören, schaffte es aber nicht. Ich hatte eines Tages die Gelegenheit, ihm zu erklären, wie er mit der Hilfe Gottes durch das Gebet und das Stützen auf die Verheißungen Gottes sofort und restlos frei werden könne. Das wollte er, und so geschah es dann auch. Kurz danach offenbarte er ein weiteres Problem: Er trank 10 bis 14 Flaschen Bier am Tag. Er wollte nun auch damit aufhören. Wir beteten erneut, und der Herr schenkte die völlige Befreiung vom Alkohol. In der nächsten Begegnung nahm ich mit ihm das Heft *Ergreife das Leben* durch. Er war für die darin enthaltenen Fragen und Gedanken offen. Nach dem gemeinsamen Übergabegebet fragte ich ihn: »Was wäre, wenn Sie heute Nacht sterben würden? Wären Sie gerettet?« Er antwortete: »Selbstverständlich.« Seiner sprachlosen Frau erklärte er darauf: »Jesus hat mich beim ersten Gebet freigemacht vom Tabak, beim zweiten Gebet hat er mich freigemacht vom Alkohol, und da ich ihn jetzt in mein Leben eingeladen habe, ist er in mein Leben gekommen. Daher bin ich gerettet.« Er hatte recht. Einige Zeit später wurde er getauft.

Warum sollten wir ein Arbeitsheft verwenden?

Der adventistische Evangelist Elden K. Walter meint: »Soweit es mich betrifft, möchte ich diese Schritte nicht ohne ein Heft durchführen. Es ist so hilfreich. Es gibt dem Anfänger Vertrauen und ist ein sehr praktisches Werkzeug.«

In *Andere zu Jesus führen – Wie macht man das?* (MK Nr. 6) werden 12 Vorteile besprochen, die wir haben, wenn wir ein Heft benutzen:

1. Es enthält die Kernaussagen des Evangeliums.
2. Der Leser hat nicht nur einzelne, oft missverständliche Aussagen vor Augen, sondern das Evangelium im Zusammenhang.
3. Durch den guten Aufbau wird das Evangelium leichter verständlich. Der Gesprächspartner hört nicht nur zu, sondern hat gleichzeitig etwas vor Augen (visuelles Hilfsmittel).
4. Es hilft, beim Thema zu bleiben und das Gespräch zu lenken.
5. Es beginnt positiv, d. h. mit der Liebe Gottes zu uns.
6. Es führt auf natürliche Art und Weise zur Anwendung des Gehörten.
7. Es gibt Anregungen zum Wachstum und zeigt die Bedeutung der Gemeinde auf.
8. Man kann sich besser auf seinen Gesprächspartner konzentrieren, weil man schon weiß, was man sagen wird.
9. Es hilft, direkt ins Gespräch über Glaubensfragen zu kommen. Man kann zum Beispiel einfach sagen: »Ich habe hier ein Heft kennengelernt, das Kernaussagen der Bibel zusammenfasst. Kennen Sie das schon?«
10. Es hilft, auch dann anderen Menschen das Evangelium zu erklären und sie zu einer persönlichen Beziehung zu Christus zu führen, wenn man selbst noch nicht so mit der Bibel vertraut ist.
11. Man kann es dem Gesprächspartner nach dem Gespräch mitgeben. (Das sollte man auch tun!)

12. Der Teilnehmer, der sich zu Jesus führen lässt, lernt gleichzeitig, wie er anderen den Weg zu ihm zeigen kann.

Es gibt noch mehr gute Gründe für ein Arbeitsheft. Probier es aus, und zwar nach einem Gebet und unter Gebet. Probieren geht über Studieren!

Persönliche Vorbereitung auf ein Glaubensgespräch

Der Wunsch, andere Menschen zu Christus zu führen, ist sicher die erste Voraussetzung für erfolgreiche Mission. Das am Anfang dieses Kapitels erwähnte Gebet sollte daher für uns alle zu einem wichtigen, ja sogar täglichen Gebet werden: »Vater, bitte wecke in mir das Verlangen mitzuhelfen, eine verlorene Welt für dich zu gewinnen!« Trotzdem gibt es noch weitere Dinge zu bedenken und vorzubereiten, wenn wir unseren Glauben vor anderen bezeugen möchten. Hier eine kurze Checkliste:

- Du brauchst selber eine rettende Beziehung zu Jesus (Heilsgewissheit).
- Achte darauf, dass es keine noch zu bekennende Sünde in deinem Leben gibt (Vergebungsgewissheit).
- Achte darauf, dass du mit dem Heiligen Geist erfüllt bist.
- Sei bereit, anderen deinen Glauben an Christus mitzuteilen.
- Bete.
- Eine gute Missionsvorbereitung und -begleitung ist die Gründung einer Missions-Gebetsgruppe.
- Werde aktiv! Gehe hin!
- Rede von Jesus.
- Erwarte positive Ergebnisse.

Beachten wir die große Bedeutung der geistlichen Vorbereitung: »Die Verkündigung des Wortes Gottes wird ohne die beständige Gegenwart und Hilfe des Heiligen Geistes erfolglos sein; denn er ist der einzige erfolgreiche Lehrer der göttlichen Wahrheit. Nur wenn die Kraft des Geistes das Wort der Wahrheit in die Herzen senkt, wird es das Gewissen wecken und das Leben umgestalten. Ein Mensch kann fähig sein, das Wort Gottes buchstabengetreu mitzuteilen, er kann mit allen seinen Geboten und Verheißungen vertraut sein; doch wenn der Heilige Geist die Wahrheit nicht fest gründet, wird keine Seele auf den ›Eckstein‹ fallen und daran ›zerschellen‹.«[59]

In Apostelgeschichte 1,4 steht ein Missions*verbot* Jesu. »Er befahl ihnen, dass sie nicht von Jerusalem wichen, sondern warteten auf die Verheißung des Vaters …« Sie sollten keine Mission betreiben, bevor sie vom Heiligen Geist erfüllt wurden. Heute brauchen wir darauf nicht mehr zu warten. Der Heilige Geist ist bereits ausgegossen. Dennoch kann dieses Missionsverbot auch uns noch gelten – nämlich dann, wenn wir Jesus bezeugen wollen, ohne dass der Heilige Geist in uns wohnt.

Warum müssen wir vom Geist erfüllt sein?

Die Antwort auf diese Frage ist einfach. Tatsächlich gibt es mehr als *eine* Antwort.[60] Wir brauchen die Fülle des Heiligen Geistes in unserem Leben,

- damit wir selbst das Leben in Fülle haben (Joh 10,10),
- damit wir Zeugen Jesu sein können (Apg 1,8) und
- damit wir in jedem Menschen einen Kandidaten für das Reich Gottes sehen.

59 - Ellen White: *Das Leben Jesu*, 670.

60 - Wenn du dich näher mit dem Anliegen deiner Erfüllung mit dem Heiligen Geist befassen möchtest, dann studiere die »Mitteilbaren Konzepte« *Erfüllt vom Heiligen Geist – Wie erfährt man das?* (Nr. 3) sowie *Beständiges Leben im Heiligen Geist – Wie lernt man das?* (Nr.4) oder G. F. Williams: *Erfüllt vom Heiligen Geist: Wie erfahren wir das?* (www.advent-verlag.de).

Ich (HH) hatte im fünften Jahr meines Predigerdienstes noch keine Gewissheit, vom Heiligen Geist erfüllt zu sein. Ich habe dann das Taschenbuch *Erfüllt vom Heiligen Geist – Wie erfährt man das?* (MK Nr. 3) sieben Mal gelesen und studiert. Danach hatte ich deutliche Erlebnisse der Führung durch den Heiligen Geist.

Solltest du deine geistliche Basis und deine Voraussetzungen zum Zeugnis stärken wollen, dann empfehle ich die Lektüre aller neun Büchlein der erwähnten Reihe *Mitteilbare Konzepte*.[61] Für unsere tägliche Bitte um die Erfüllung mit dem Heiligen Geist sowie für viele andere Anliegen ist das Beten auf der Grundlage von Verheißungen eine große Hilfe. Diese Gebete haben Gottes verbindliche Zusage der Erhörung.

Es gibt vor allem zwei Hindernisse dafür, vom Heiligen Geist erfüllt zu sein und daraus Freude, Fruchtbarkeit und Sieg zu erfahren: selbstbestimmtes Leben und »geistlicher Kurzschluss«.

HINDERNIS 1: SELBSTBESTIMMTES LEBEN

Das erste Hindernis kann sein, dass ich zwar Gemeindeglied bin, der »Thronwechsel« in meinem Leben aber nicht vollzogen worden ist. Wir sollten uns daher einige Bibeltexte über die zwei Arten von Christen in der Gemeinde ansehen.

Jesus spricht im Gleichnis von den zehn Jungfrauen in Matthäus 25,1-13 von seiner Gemeinde vor der Wiederkunft. Die zehn Jungfrauen stellen diejenigen dar, die sich zum reinen Glauben bekennen. Sie sind alle in der Gemeinde. Alle zehn haben ihre Lampen, das Wort Gottes. Alle zehn gehen dem Bräutigam entgegen. Sie glauben alle an die Wiederkunft Jesu. Trotzdem erwähnt Jesus zwei Gruppen: **Kluge und Törichte**. Die einen gehen zur Hochzeit, also ins Reich Gottes. Die anderen gehen verloren, denn Jesus sagt ihnen: Ich kenne euch nicht. Die Schlussfolgerung ist unvermeidlich: Jedes Gemeindeglied, mich eingeschlossen, gehört entweder zu

61 - Diese Reihe ist nicht mehr im Druck; als PDF abrufbar unter *www.missions-brief.de* – »Jüngerschaft«.

der einen oder der anderen Gruppe. Worin unterscheiden sie sich denn? Im Ölvorrat, d. h. im Erfülltsein mit dem Heiligen Geist.

Auch der Apostel Paulus spricht im ersten Korintherbrief von diesen beiden Gruppen in der Gemeinde, allerdings unter anderen Bezeichnungen. Er nennt sie **Geistliche und Fleischliche:**

»Der *geistliche* Mensch aber ergründet alles und wird doch selber von niemand ergründet. Denn ›wer hat des Herrn Sinn erkannt oder wer will ihn unterweisen?‹ Wir aber haben Christi Sinn. Und ich, liebe Brüder, konnte auch mit euch nicht reden als mit geistlichen Menschen, sondern als mit *fleischlichen*, wie mit jungen Kindern in Christus. Milch habe ich euch zu trinken gegeben, und nicht feste Speise; denn ihr konntet sie noch nicht vertragen. Auch jetzt könnt ihr's noch nicht, weil ihr fleischlich seid. Denn wenn Eifersucht und Zank unter euch sind, seid ihr da nicht fleischlich und wandelt nach menschlicher Weise?« (1Kor 2,15 – 3,3)

Die Bibel unterscheidet also, was das Verhältnis zu Gott angeht, zwei Gruppen in der Gemeinde: Kluge und Törichte, Geistliche und Fleischliche. Die einen werden gerettet, die anderen gehen verloren. Wie kann ich wissen, zu welcher Gruppe ich gegenwärtig gehöre? Schauen wir uns an, wie die Bibel »geistlich« und »fleischlich« beschreibt.

Der geistliche Mensch

Der geistliche Mensch ist ein vom Heiligen Geist erfüllter Christ. Unser Text sagt über ihn, dass er »Christi Sinn hat«. Daher erlebt er in zunehmendem Maße das Leben in Fülle. Das ist jenes Leben, das Christus uns zugedacht hat. Er wächst in seiner Freude, Fruchtbarkeit und in seinen Siegen. Er schöpft aus den unbegrenzten Quellen der Liebe und der Macht Gottes. Er vertraut Gottes Wort und gehorcht Jesus. Diesen Gehorsam bezeichnet die Bibel als Glaubensgehorsam (Röm 1,5; 16,26). Seine Interessen und Lebensziele haben unseren wunderbaren Gott und seinen Willen zum Mittelpunkt. Er hat Freude an der Beziehung zu Gott und lebt in Freundschaft mit ihm. Jesus spricht von dieser Gruppe in seinem Gleichnis von den zehn Jungfrauen als von den Klugen (Mt 25,1-13). Wir können diese Art von Mensch so darstellen:

Der geistliche Mensch

Das Kreuz steht für Jesus Christus. In diesem Leben darf Jesus bestimmen. Die einzelnen Punkte sind die verschiedenen Lebensbereiche wie Beruf, Familie, Freizeit, Gemeinde usw. Sie sind alle auf Jesus ausgerichtet. Dieser Christ hat sein Leben grundsätzlich Jesus übergeben und weiht sich ihm (in der Regel) täglich. Er betet und lebt in dem Sinn: Herr, mit allem, was ich bin und habe, ergebe ich mich dir.

Der fleischliche Mensch

Paulus schreibt an die Korinther, dass er mit ihnen »nicht reden kann als mit geistlichen Menschen«. Sie sind also nicht vom Heiligen Geist erfüllt, sondern *fleischlich.* Er zeigt, dass diese Gemeindeglieder – er nennt sie »liebe Brüder« – im Glauben nicht oder nicht ausreichend gewachsen sind. Er bezeichnet sie als »junge Kinder«. Unter ihnen gibt es »Eifersucht und Zank«. Sie »wandeln nach *menschlicher* Weise«. Man kann den fleischlichen Menschen wie folgt darstellen:

Der fleischliche Mensch

Der Hauptpunkt ist, dass das fleischliche Gemeindeglied nicht mit dem Heiligen Geist erfüllt ist. Es bestimmt sein Leben selbst, hält sich aber für einen Nachfolger Jesu. In seinem Glaubensleben empfindet es möglicherweise Unzufriedenheit, Enttäuschung oder Sinnlosigkeit. Auf der anderen Seite können fleischliche Menschen in der Gemeinde außerordentlich aktiv sein und sogar hohe geistliche Führungspositionen innehaben. Das macht es schwer, den Selbstbetrug zu erkennen. Weil ihr Leben rein äußerlich mit »Religion« angefüllt ist (das hohle Kreuz), erkennen sie nicht, dass ihnen das Entscheidende fehlt: die innige, rettende Gemeinschaft mit Gott. Wenn Christus nicht das Leben bestimmen darf, dann steht er praktisch »vor der Tür und klopft an« (Off 3,20).

Weil der fleischliche Christ sein eigener Herr ist, ist er in seinem Gehorsam ausschließlich auf die Kraft des Fleisches, d. h. auf die normalen menschlichen Fähigkeiten angewiesen. Dabei möchte er vielleicht sogar Christus gefallen. Solange er aber gleichzeitig an den Dingen dieser Welt festhält, müssen seine Bemühungen enttäuschend bleiben. Ein solcher Mensch versucht, Gott zu gehorchen. Vielleicht meint er zu wissen, was Gott von ihm erwartet. Aber er versagt immer wieder – entweder wegen innerer Auflehnung, mangelnder Erkenntnis oder mangelndem Glauben. Aus diesem Grund nimmt er es allmählich nicht mehr so genau. Es gäbe dazu noch viel zu sagen.

Hindernis 2: Geistlicher Kurzschluss

Das zweite Hindernis für das Erfülltsein mit dem Heiligen Geist kann ein »Kurzschluss« sein. Was ist damit gemeint? Wenn auf der Schiene einer Spielzeugeisenbahn ein kleines Metallstück liegt, kann sie nicht fahren. Es liegt ein Kurzschluss vor. Deshalb kann die kleine Eisenbahn nicht fahren, obwohl das »Kraftwerk«, das das System speist, ausreichend Spannung hat. So wirkt es sich auch in unserem Leben aus, wenn wir irgendeine Sünde, die uns bewusst ist, nicht bekannt und für sie um Vergebung gebeten haben. Dann wird die Kraft des Heiligen Geist in unserem Leben nicht wirksam, obwohl sie in unbegrenzter Kapazität zur Verfügung steht.

Wo stehe ich?

Entweder Christus ist (oder wird) der Herr unseres Lebens, oder es war alles vergebens. Die Gruppe der fleischlichen Gemeindeglieder gehört zu den törichten Jungfrauen, zu denen Jesus am Ende leider sagen muss: »Ich kenne euch nicht.« (Mt 25,12) Wir können uns bezüglich unseres eigenen geistlichen Standortes unter anderem folgende Fragen stellen:

- Vertraue ich ganz der Liebe Gottes?
- Sehe ich deutlich, dass mein Leben ohne Jesus als Herrn im Grunde genommen ein verfehltes Leben ist – auch wenn es vor den Menschen recht gut aussehen mag?

- Wo stehe ich heute? Welcher der obigen Kreise zeigt meine gegenwärtige Haltung? Bin ich geistlich, fleischlich oder irgendwo dazwischen?
- Welche Lebenseinstellung soll in Zukunft mein Leben darstellen?
- Was hindert mich, Jesus heute in mein Herz und Leben einzuladen, und zwar als Herrn und Erlöser?

Ich habe bereits mehrfach das Übergabegebet erwähnt. An dieser Stelle möchte ich ein konkretes Beispiel dafür geben, wie es lauten kann. Wenn unser Leben noch nicht ganz Gott gehört, dann sollten wir dieses Gebet zu unserem eigenen machen und dabei nicht vergessen: Der Herr erhört jedes aufrichtige Gebet.

> *Herr Jesus Christus, ich danke dir, dass du für mich gestorben und auferstanden bist. Mir ist klar geworden, dass ich mein Leben bisher selbst bestimmt habe. Ich bin ein Sünder. Bitte vergib mir. Ich bitte dich jetzt, in mein Leben zu kommen: als mein Erlöser, mein Herr, mein Freund und Führer. Danke, dass du mir vergeben hast, weil du für mich gestorben und mein Retter geworden bist. Mit allem, was ich bin und habe, ergebe ich mich dir. Befreie mich von der Macht des Bösen. Schenke mir die Kraft, dir nachzufolgen. Herr Jesus, danke, dass du jetzt die Herrschaft in meinem Leben übernommen hast. Verändere mich so, wie du mich haben willst. Ich danke dir für deine große Gnade.*

Unserer Entscheidung für Christus geht in der Regel eine (bewusste oder auch unbewusste) Vorbereitungszeit voraus. Hierbei sollten wir auch nicht die Bedeutung der biblischen Unterweisung unterschätzen. Denn die Entscheidung für Christus ist mehr als ein Gefühl. Sie stützt sich auf rational nachvollziehbare Heilstatsachen. Die Entscheidung selbst geschieht dann aber nur in einem Augenblick. Danach geht es um ein lebenslanges Bleiben in Christus. Dafür hat der Herr zwei machtvolle Hilfen vorbereitet: Das eine ist unsere tägliche Andachtszeit, das Studium im Wort Gottes, und die andere Hilfe ist der wöchentliche Ruhetag. Für das tägliche Bleiben in Christus ist es wichtig zu wissen, dass »der innerliche Mensch von Tag zu Tag erneuert wird« (2Kor 4,16). Jesus selbst sagt uns: »Wer mir folgen will, der verleugne sich selbst und nehme sein Kreuz auf sich *täglich* und folge mir nach.« (Lk 9,23) Das Kreuztragen bedeutet: alle Verantwortung zu übernehmen, die mit der Jüngerschaft verbunden ist. Es bedeutet, täglich dem Wort Gottes zu vertrauen und ihm zu gehorchen. Schließlich sprechen wir auch von Christus als dem fleischgewordenen Wort Gottes. Vergessen wir nicht, uns täglich dem Herrn zu weihen und uns in ihm zu stärken.

Die Ethik Gottes: Liebe

Natürlich hat Gott eine höhere Ethik für uns vorgesehen, als die, die wir im rein menschlichen Sinne kennen. Gottes Ethik ist so hoch, dass wir ihr in eigener Kraft nicht entsprechen können. In einem göttlich-menschlichen Miteinander, d. h. in der Kraft des Heiligen Geistes, sieht die Sache jedoch ganz anders aus. Daher kann Gottes Wort in 1. Johannes 5,3 sagen: »Denn das ist die Liebe zu Gott, dass wir seine Gebote halten *und seine Gebote sind nicht schwer*.«

Ein wichtiger Punkt ist dabei folgender: Aus eigener Kraft *allein* sind wir nicht in der Lage, den Willen Gottes zu tun. Es geht immer um ein göttlich-menschliches Miteinander. Gott will uns helfen. Aber er manipuliert uns nicht, und er zwingt uns nicht. Gerade die Auseinandersetzung zwischen Gott und Luzifer oder Satan macht dies deutlich. Da Gott unsere freie Entscheidung respektiert, müssen wir Gott gewissermaßen die Genehmigung dazu geben, dass er unseren Charakter verändert. Drei Texte sind in diesem Zusammenhang hilfreich:

- »Kann etwa ein Mohr seine Haut wandeln oder ein Panther seine Flecken? So wenig könnt auch ihr Gutes tun, die ihr ans Böse gewöhnt seid.« (Jer 13,23)
- »Und *ich* will euch ein neues Herz und einen neuen Geist in euch geben … *Ich* will meinen Geist in euch geben und [*ich*] will solche Leute aus euch machen, die in meinen Geboten wandeln und meine Rechte halten und danach tun.« (Hes 36,26f.)
- »Denn fleischlich gesinnt sein ist Feindschaft wider Gott, weil das Fleisch dem Gesetz Gottes nicht untertan ist; *denn es vermag's auch nicht.*« (Röm 8,7)

Was für eine Befreiung, zu wissen, dass ich den Willen Gottes allein und aus eigener Kraft nicht tun kann! Glücklicherweise ist es dennoch möglich, und sogar in Freudigkeit - aber nur mit Gott.

Kann man immer geistlich bleiben?

Ja, wenn wir keine Gesinnung des Unglaubens aufkommen lassen und »geistlich atmen«: »ausatmen«, indem wir unsere Sünden bekennen, und »einatmen«, indem wir die Liebe und Vergebung Gottes in Anspruch nehmen und uns in einem Glau bensgebet erneut mit dem Heiligen Geist füllen lassen.

Eine Erfahrung dazu: Ein Lehrer für die Kindersabbatschule »explodierte«, weil seine Familie sich bei der Abfahrt zum Gottesdienst verspätet hatte. Aber sein unrechtes Verhalten wurde ihm bewusst. Er wusste auch, dass Gott ihn so im Kindergottesdienst nicht gebrauchen konnte. Er bekannte Gott in einem stillen Gebet seinen Ärger, dankte für die Vergebung und bat um erneute Erfüllung mit dem Heiligen Geist. Bei seiner Familie entschuldigte er sich. Er praktizierte »geistliches Atmen«. Weil es im Glauben geschehen war, änderte sich seine Gesinnung. Er konnte an diesem Tag mit Freude den Kindern den Weg zu Jesus zeigen.

Mission – wag es mit Jesus!

Wenn es darum geht, Menschen für Jesus Christus zu gewinnen, muss man einfach irgendwo einen Anfang machen. Dazu sollte man sich ein Arbeitsheft auswählen und es zunächst mit einem Angehörigen oder Gemeindeglied durchgehen. Danach wäre es gut, mit Freunden oder Bekannten weiterzumachen. Sage zu ihnen: »Ich habe da ein außerordentlich wichtiges Heft kennengelernt. Darf ich es dir mal zeigen?« Bedenke deine völlige Abhängigkeit vom Heiligen Geist. Bete, und wag es mit Jesus. »Durch viel Gebet müsst ihr für Seelen arbeiten, denn dies ist die einzige Methode, durch die ihr die Herzen erreichen könnt.«[62]

Der Herr segne dich reichlich und ständig in deinen Bemühungen und schenke dir die große Freude, einen (oder auch mehrere) Menschen zu Jesus und zu seiner Gemeinde zu führen. »Rufe mich an, so will ich dir antworten und will dir kundtun große und unfassbare Dinge, von denen du nichts weißt.« (Jer 33,3)

»Wenn Christus die neunundneunzig verließ, um das eine verlorene Schaf zu suchen und zu retten, ist es dann zu rechtfertigen, wenn wir weniger unternehmen?«[63] »Der Menschensohn ist gekommen, Verlorene zu suchen und zu retten.« (Lk 19,10; Hfa) Gedrungen von der Liebe Gottes, gebe ich einem Menschen Zeugnis von Jesus. Gottes Liebe bewegt diesen Menschen zu einer Lebensentscheidung für Jesus. Ich erhalte am Ende der Zeit – aus der Hand Jesu – einen unvergänglichen Lohn. Ich verbringe mit diesem Menschen eine Ewigkeit in der Gegenwart Jesu. Die Liebe Gottes schenkt mir einen Ewigkeitswert, der mein irdisches Leben überdauert. Die Liebe Gottes bewegt mich. Die Liebe Gottes belohnt mich. Ich liebe Jesus Christus.

62 - Ellen White: *Evangelisation*, 317.
63 - Ellen White: *Maranatha*, 29.

6. Die beste Investition

Ein grosses Werk in kurzer Zeit

Ellen White schreibt: »*Wie bald* könnte mit einem Heer von Mitarbeitern, wie es unsere Jugend bei richtiger Ausbildung zu stellen vermag, die Botschaft von einem gekreuzigten, auferstandenen und bald wiederkommenden Heiland der ganzen Welt gebracht werden! *Wie schnell* könnte das Ende kommen ...«[64] Ist es nicht unsere Aufgabe, dieses Heer Gottes aufzubauen? Wenn *wir* es nicht tun, wer soll es sonst tun? Wenn wir es nicht *jetzt* tun, wann soll es getan werden?

Die Gemeinschaft der Siebenten-Tags-Adventisten ist in den letzten Jahren stark gewachsen. Wir haben inzwischen rund 20 Millionen Mitglieder. Die adventistischen selbstunterhaltenden Missionswerke (ASI-Organisationen wie OCI, *Adventist Frontier Missions, 3ABN, Share Him, Maranatha International, Europe4Jesus, Amazing Facts, Amazing Discoveries, Amazing Recordings* und viele andere) haben sich ebenfalls gut entwickelt. Sie sind inzwischen eine nicht

64 - *Erziehung*, 249 (kursiv von mir).

zu unterschätzende, wertvolle Kraft. Man kann sagen, dass nun eine entscheidende Voraussetzung zum Aufbau dieses Heeres gegeben ist. Sicher ist noch manches zu ergänzen. Aber es ist wichtig, dass wir erkennen, dass ein Kader zum Aufbau der Armee Gottes bereits vorhanden ist. Es ist Gott, der die Dinge in diese Richtung gelenkt hat. Ein solches Ziel kann nur unter der Führung Gottes und durch eine intensive Zusammenarbeit erreicht werden.

Der Aufbau eines solchen göttlichen Heeres ist unser Auftrag. Sind wir bereit, uns zur Verfügung zu stellen, damit diese Armee jetzt in vollem Umfang entsteht? Auf welche Weise kann die Armee aufgebaut werden? Der »Fürst über das Heer des Herrn« hat uns die Antwort gegeben. Sie lautet: »Da der Herr bald kommt, handelt entschieden und entschlossen in der Vermehrung der Einrichtungen, *damit ein großes Werk in kurzer Zeit getan wird.* Weil der Herr bald kommt, ist es an der Zeit … jedes Geldstück, das wir erübrigen können, ins Schatzhaus des Herrn zu geben, damit Einrichtungen zur Heranbildung von Arbeitern geschaffen werden können. Diese sollten so unterrichtet werden, wie einst die Schüler in den Prophetenschulen. Wenn der Herr euch bei seinem Kommen mit diesem Werk beschäftigt findet, wird er sagen: ›Ei, du frommer und getreuer Knecht … gehe ein zu deines Herrn Freude.‹«[65]

Laien-Missionsschulen

Gott legt uns besonders die Investition in Laien-Missionsschulen ans Herz. Gerade diese Einrichtungen sollen vermehrt werden. Ob wir die Gebäude hierfür kaufen oder mieten oder in eigener Regie bauen sollen oder sie uns schenken lassen, ist nicht erwähnt. Auf jeden Fall sollen sie klein und kostengünstig sein und weitgehend ohne Service-Personal auskommen. Ellen White betonte immer wieder: Wir sollen die Einrichtungen vermehren und an vielen Orten kleine Institutionen schaffen. Dazu werden uns folgende Eckdaten gegeben:

65 - Ellen White: *Zeugnisse für die Gemeinde VI*, 437.

1. Der Grund für die notwendige Vermehrung dieser Einrichtungen ist die *baldige Wiederkunft Jesu*.
2. Es geht um ein *entschlossenes Handeln* in der Vermehrung dieser Einrichtungen.
3. Durch die Vermehrung dieser Einrichtungen wird ein *großes Werk in kurzer Zeit* getan.
4. *Jedes Geldstück*, das wir erübrigen können, soll dafür gegeben werden.
5. Es geht um *Ausbildungseinrichtungen wie die Prophetenschulen;* das heißt, es geht um kleine Schulen, in denen Körper, Geist und Seele ausgebildet werden.
6. Der Aufbau solcher Schulen soll fortgesetzt werden, *bis der Herr kommt*.
7. Wer sich dafür engagiert, wird von unserem Herrn als *treuer Haushalter* angesehen und im Reich Gottes willkommen geheißen.

Fazit: Lasst uns weltweit Laien-Missionsschulen aufbauen und fördern! Dann wird »ein großes Werk in kurzer Zeit« geschehen. Grundsätzlich ist es mit Sicherheit der Wille Gottes für unsere Zeit, dass Laien-Missionsschulen aufgebaut werden. Dennoch muss natürlich jeder Jünger Jesu, jede Gemeinde und jede Institution um die Führung Gottes beten, um zu erkennen, wie Gottes Wille speziell in ihrem Fall aussieht.

Wie ist der Stand heute?

Nach unserer Schätzung gibt es weltweit heute bereits über 50 Laien-Missionsschulen. In ihnen werden jährlich etwa 500 Studenten ausgebildet. Wenn wir durch Gottes Führung als erstes Ziel die Aufstockung auf 100 Schulen in Angriff nehmen und jede Schule dann pro Jahr zehn Studenten ausbildet, sind dies pro Jahr 1000 neue Mitarbeiter. Die einfachste Lösung für die Verdoppelung besteht darin, dass jede bereits bestehende Laien-Missionsschule eine bis zwei weitere Schulen gründet oder zu deren Gründung beiträgt. Selbstverständlich sollen zusätzlich neue Schulen unabhängig von den bereits bestehenden gegründet werden. Sollten wir nicht immer wieder mit Gottes Hilfe eine Verdoppelung der Laien-Missionsschulen anstreben und erbitten? Vermutlich sagen wir: Das ist unmöglich. Menschlich gesehen mag das stimmen. Aber in der Bibel steht: Bei Gott ist kein Ding unmöglich. Glauben wir das? Wollen wir uns dafür entscheiden, den Willen Gottes zu tun, und mitwirken am Aufbau von Laien-Missionsschulen?

Woher sollen die Leiter, Lehrer und Mitarbeiter kommen?

Zunächst müssen wir feststellen, dass das Wichtigste die gottgeweihten, d. h. von oben geborenen Mitarbeiter sind. Sie müssen unsere oberste und erste Investition sein. Und sie sollten möglichst bereits Menschen für Christus gewonnen haben. Wir müssen darauf achten, dass wir selbst sowie alle Mitarbeiter und Studenten in Christus sind. Das Gebet ist der Schlüssel für Erntearbeiter: »Bittet den Herrn der Ernte, dass er Arbeiter in seine Ernte sende.« (Mt 9,38) Es gibt geeignete Mitarbeiter. Der Herr muss uns helfen, dass zwischen ihnen und der Ausbildungsinitiative *LIGHT* (s. u.) sowie anderen Dienststellen und Missionswerken Kontakt entsteht. Außerdem können Führungskurse eine wichtige Hilfe sein.

Woher kommen die Mittel?

»Die uns zur Verfügung stehenden Mittel scheinen für das Werk nicht auszureichen. Gehen wir aber im Glauben voran und vertrauen wir auf die allmächtige Bereitwilligkeit Gottes, so werden sich uns reichlich Hilfsquellen öffnen. Ist das Werk von Gott, dann wird er auch selbst für Mittel sorgen, um es durchzuführen …«[66]

66 - Ellen White: *Das Leben Jesu*, 363f.

Die Schätze des Himmels sind unbegrenzt. Aber es liegt bei uns, um Arbeiter und finanzielle Mittel zu beten und auch selbst jedes Geldstück einzusetzen, das wir erübrigen können. Wir sollten unter anderem dafür beten, dass unsere adventistischen Selbstständigen und Unternehmer sich mit ihren Praxen und Unternehmen Gott weihen. Der Herr ist in der Lage, für sie und durch sie große Mittel zur Verfügung zu stellen. Der Herr tut bereits Gewaltiges durch adventistische Geschäftsleute, die ihre Firmen als Geschäft *und* als Missionswerk betreiben. Dabei sollten wir ihnen sagen, dass es keine bessere Investition gibt als die Ausbildung von Neulandmissionaren (oder »Pionieren«, wie die offizielle Bezeichnung der Generalkonferenz lautet) sowie die Schaffung von Laien-Missionsschulen für die Heranbildung weiterer Mitarbeiter. Investiere in die Ewigkeit! Selbstverständlich ist es wichtig, dass die Schulen teilweise oder ganz selbstunterhaltend betrieben werden. Auch sollten die Neulandarbeiter – soweit möglich – selbstunterhaltend sein.

LIGHT

Das *Lay Institute for Global Health Training* (*LIGHT*)[67] ist eine Gemeinschaftsinitiative von OCI, ASI und *Wildwood*. Sie dient dem weltweiten Aufbau von Laienmissionsschulen. Wo immer es möglich und zweckmäßig ist, sollen den Missionsschulen als zweiter Schritt Behandlungsräume oder Gesundheitszentren angeschlossen werden. *LIGHT* entstand als Folge einer weltweiten Gebetskette von etwa 150 Betern. Sie kamen zu der Überzeugung, dass diese Aufgabe dem Willen Gottes entspricht. *LIGHT* hat sich zum Ziel gesetzt, mit Gottes Hilfe alle Initiativen für Laienmissionsschulen zu fördern und zu beraten. Außerdem geht es darum, bei der Rekrutierung und Auswahl von Mitarbeitern zu helfen und notwendiges Ausbildungsmaterial über das Internet zur Verfügung zu stellen.

67 - Von der Gemeinschaft der STA als *Supporting Ministry* anerkannt. Website: *www.lightingtheworld.org*.

LIGHT hat sich seit 2004 um die Durchführung von Pilotprojekten gekümmert und Grundlagen für das weitere Vorgehen geschaffen. Selbstverständlich ist noch viel zu tun. Das Ziel ist jedoch genau das, was wir oben in den *Zeugnissen*, Band 6, gelesen haben: die »entschlossene Vermehrung von Einrichtungen«.

Worin besteht die richtige Ausbildung?

In einer Laien-Missionsschule geht es um eine kombinierte Ausbildung in Jüngerschaft, Evangelisation und Gesundheitsmission. Es geht um eine gute theoretische Ausbildung, verbunden mit praktischer Missionsarbeit und manueller Arbeit. Es geht um genau das, was uns der Herr durch seine Botin gesagt hat. Und es geht darum, dass die Abgänger das, was unterrichtet wurde, auch praktisch umsetzen können.

Warum die Verbindung von Evangelisation und Gesundheitsbotschaft?

»Es darf keine Trennlinie zwischen der echten medizinischen Missionsarbeit und dem Evangeliumsdienst gezogen werden. Beide müssen miteinander verbunden sein. Sie dürfen nicht als separate Bereiche des Werkes unabhängig voneinander existieren. Sie müssen in einer untrennbaren Verbindung miteinander sein, so wie die Hand mit dem Körper verbunden ist. Wenn diese beiden Linien vereinigt sind, dann dürfen wir erwarten, dass wir die kostbarsten Früchte für den Herrn einbringen.«[68]

Jesus heilte alle Menschen. Danach waren sie bereit, ihm zuzuhören und ihre Herzen für das Evangelium zu öffnen. Ellen White bezeichnet die Gesundheitsarbeit als »rechten Arm« der Botschaft. Wir sollten daran denken, dass man mit einem Arm auf dem Rücken

68 - Ellen White: *A Call to Medical Evangelism and Health Education*, 44. –Viele weitere Zitate in diese Richtung in: *Im Dienst für Christus*, 162.167ff.).

nur schwer arbeiten kann. Dabei sollten wir auch bedenken, dass die Zeit rasch naht – in einigen Ländern ist sie bereits da –, in der wir nur noch durch Gesundheitsmission arbeiten können.

Die Bedeutung der Ausbildung

»Ein Mitarbeiter, der für das Werk geschult und ausgebildet wurde und der von dem Heiligen Geist geleitet wird, wird weit mehr vollbringen als zehn Arbeiter, die mit mangelhaftem Wissen hinausgehen und schwach im Glauben sind. Jemand, der in Harmonie mit dem Rat Gottes und in Einmütigkeit mit den Brüdern arbeitet, wird geeigneter sein, Gutes zu tun, als Zehn, die die Notwendigkeit der Abhängigkeit von Gott und des Handelns in Übereinstimmung mit dem Generalplan des Werkes nicht erkennen.«[69]

Laien-Missionsschulen sollen keine theologischen Schulen sein – obgleich sie die Fächer »Bibel« und »Evangelisation« unterrichten. Sie sollen auch keine medizinischen Fachschulen sein – obgleich sie Gesundheitsfächer auf dem Lehrplan haben. Vielmehr sollen sie die Studenten gezielt für den Dienst der Seelengewinnung zurüsten. »Jeder wahre Jünger wird für das Reich Gottes geboren, um ein Missionar zu sein.«[70]

Carlos Archbold, damals Vorsteher der Mittelamerikanischen Division, sagte bei der Generalkonferenz-Predigertagung in Wien im Jahr 1975 zu den Anwesenden:

- Wenn unsere Verlage keine Seelen gewinnen, dann brauchen wir sie nicht.
- Wenn unsere Gesundheitseinrichtungen keine Seelen gewinnen, dann brauchen wir sie nicht.
- Wenn unsere Schulen keine Seelen gewinnen, dann brauchen wir sie nicht.

69 - Ellen White: *Evangelisation*, 109.
70 - Ellen White: *Das Leben Jesu*, 179.

Und vielleicht können wir im Sinne von Bruder Archbold hinzufügen: Wenn unsere selbstunterhaltenden Institutionen keine Seelen gewinnen, dann brauchen wir sie auch nicht.

Unser großer Gott hat sich für uns geopfert, damit wir als einzelne Jünger und insgesamt als Gemeinde für ihn leben, um Botschafter an Christi statt zu sein und Menschen für das Reich Gottes zu gewinnen.[71]

Kurze Ausbildung

Die Ausbildung in Laien-Missionsschulen soll kurz sein; das sagt uns die Botin des Herrn.[72] Wie lang aber ist eine »kurze Ausbildung«?

Im Bereich Theologie und Mission haben wir in unserer Freikirche zwei unterschiedliche Ausbildungszeiträume: Die übliche akademische Ausbildung dauert **4 – 6 Jahre.** Es werden auch weiterhin junge Leute gebraucht, die diesen Weg einschlagen. Dabei wäre es gut, wenn sie vorher eine Laien-Missionsschule besuchten und eine Zeit als Neulandarbeiter arbeiteten. So würde ihr Blick nämlich für die Praxis und die Seelengewinnung geschärft werden. Weiter ist wichtig, dass die entsprechenden theologischen Schulen auch bibeltreu sind, die adventistische Identität betonen, d. h. Menschen in der Verkündigung der dreifachen Engelsbotschaft ausbilden, und das Werk der Laienmission und Seelengewinnung tatkräftig unterstützen. Die zweite Möglichkeit der missionarischen Ausbildung sind kurze Seminare von **einigen Tagen**, und zwar für Gemeindeglieder. Was fehlt, ist der mittlere Ausbildungszeitraum von **6 – 12 Monaten**, und genau hier können Laien-Missionsschulen einspringen und die Gemeinschaft enorm unterstützen.

Wie lange dauert es in einer Armee, bis Rekruten ausgebildet sind? Die Grundausbildung dauert etwa ein halbes bis ein Jahr.

71 - Vgl. 2Kor 5,14f.20.

72 - *Im Dienst für Christus*, 81; vgl. *Counsels to Teachers*, 549.

Das ist auch die Ausbildungszeit für *LIGHT*-Missionsschulen. Länger dauert die Ausbildung nur in solchen Gebieten, in denen zusätzlich eine Berufsausbildung vermittelt wird, damit die Abgänger teilweise oder ganz selbstunterhaltend arbeiten können – besonders wenn Notsituationen dies erfordern.

Das dreifache Ausbildungskonzept

1. Einführungskurs. Es hat sich bei *LIGHT* herausgestellt, dass es zweckmäßig ist, einen Einführungskurs von einem Monat anzubieten. In diesem Kurs können Geschwister ausgebildet werden, um im Bereich ihrer Gemeinde tüchtige Mitarbeiter zu werden. Gleichzeitig wird allen Teilnehmern und den Lehrern dadurch die Chance gegeben herauszufinden, wer ein geeigneter Kandidat für die nächste Ausbildungsstufe – den Grundkurs – wäre. Manche Teilnehmer entscheiden sich erst während des Einführungskurses dafür, ihre Ausbildung auszuweiten und ein Jahr ihres Lebens Jesus zur Verfügung zu stellen.

Der Prospekt der österreichischen Schule TGM (Trainingszentrum für Gesundheitsmission) erklärt zu Inhalt und Ziel des Einführungskurses: »Einblicke in Gottes Überlebenskonzepte für die Endzeit und Einführung in die Gesundheitsmission: Daniel und Offenbarung, Gebet, persönliche Andacht, christliche Lebensweise, natürliche Heilmethoden, Ernährung, Massage, Hydrotherapie etc. Wachstum im Glauben und Vorbereitung für den Dienst in der Gemeinde und den Grundkurs sind das Ziel dieser vier Wochen.«

2. Grundkurs. Der Grund- oder Standardkurs läuft über 6 – 12 Monate. Es geht darum, durch wiedergeborene, gottgeweihte Lehrer Menschen zu Jüngern Jesu zu machen. Diese Jüngerschafts-Ausbildung ist auch deswegen so wichtig, weil sich manche Teilnehmer dadurch entscheiden, ihr ganzes Leben in den Dienst Jesu zu stellen. Für diesen Fall ist es erforderlich, ihnen auch berufliche Perspektiven zu zeigen.

Den Grundkurs beschreibt der TGM-Prospekt so: »Fachliche Vertiefung und praktische Anwendung der Gesundheitsmission mit all ihren Möglichkeiten. Der Ausbildungsschwerpunkt liegt in der Vorbereitung für die Arbeit als Neulandpionier, Mitarbeiter in einem Outpost [›Außenposten‹][73] etc. und in der Durchführung von Öffentlichkeitsarbeit: Bibelstunden, Evangelisation und Taufvorbereitung, Seminar- und Vortragstätigkeit, Gesundheitsexpo, Behandlungen.«

3. Führungskurs. Zusätzlich zum Einführungskurs und Grundkurs ist ein Führungs- oder Lehrerkurs vorgesehen. Hier werden geeignete Leute – möglichst nach einer Zeit der praktischen Erfahrung – als Leiter oder Lehrer für neue Schulen oder auch für reisende Teams ausgebildet, die die Arbeit in neuen Gebieten in Gang bringen. Selbstverständlich können sie auch als Mitarbeiter in der Gemeinschaft, als Mitarbeiter für bestehende Einrichtungen und als selbstständige Missionare eingesetzt werden.

Zum Führungskurs schreibt TGM: »Individuelles Spezialtraining für lehrende und leitende Funktionen im institutionellen Bereich eines Outpost. Verantwortungsträger werden in der Pionierphase am Aufbau neuer Projekte beteiligt sein.«

Berufliche Perspektiven

Es ist wichtig, interessierten Geschwistern zu zeigen, dass sich die Ausbildung an einer Laien-Missionsschule mit zahlreichen Berufsfeldern ergänzt, nämlich allen Tätigkeiten, die in missionarischen Projekten zum Einsatz kommen. Gebraucht werden z. B. Missionspioniere, die in unerreichten Gebieten in der Heimat und im Ausland Gemeinden gründen, ferner Lebensstilberater, Therapeuten, Lehrer, Biogärtner, Handwerker, Köche, Administratoren,

73 - Das Außenposten-Konzept wurde uns durch E. G. White von Gott gegeben. Danach sollen entsprechende Einrichtungen immer in der Nähe von Großstädten liegen und ein Gesundheitszentrum, eine Missionsschule sowie Land- und Gartenbau umfassen. Nach diesem Konzept wurden in Deutschland Friedensau, Neandertal und Bad Aibling gegründet.

Projektleiter, Schulleiter, Übersetzer, Webmaster und andere. Nach einigen Jahren erfolgreicher Mitarbeit in einem solchen Projekt besteht außerdem die Möglichkeit, die Kirchenleitung um Übernahme als Bibelarbeiter oder als Prediger zu bitten.[74]

Der Schlüssel zur Gewinnung von Erntearbeitern bleibt dennoch das Gebet. Jesus sagte: »Die Ernte ist groß, aber wenige sind der Arbeiter. Darum bittet den Herrn der Ernte, dass er Arbeiter in seine Ernte sende.« (Mt 9,37f.) *LIGHT* hat eine weltweite Gebetskette. Das Gebet ist eine Möglichkeit, sich an der Mission zu beteiligen. Wer sich für die *LIGHT*-Gebetskette anmeldet,[75] erhält regelmäßig eine Gebetsinformation.

Beispiele

In **Rumänien** gibt es die Laien-Missionsschule Herghelia. Sie wird geleitet von Dr. Nicolae Dan. In dieser Schule findet der Unterricht in englischer Sprache statt. Bereits vor einigen Jahren wurde durch Herghelia eine Missionsschule in **Moldawien** eröffnet. Eine Schule in **Bulgarien** befindet sich in der Entwicklungsphase. Ferner sind zwei weitere Schulen dieser Art in Rumänien im Aufbau, und zwar eine für die rumänische Sprache und eine für die englische. Im April und Mai 2009 hat Herghelia schließlich in **Israel** maßgeblich mitgeholfen, auch dort eine entsprechende Arbeit einzuführen, um eine solche Schule zu gründen.

In **Indien**, und zwar an der Grenze zu Nepal, haben zwei Amerikanerinnen – Mutter und Tochter Horner – ein größeres Haus gemietet. In diesem Haus bilden sie zwölf Glaubensschwestern aus Nepal für die Mission aus. Dieses Projekt ist äußerst kostengünstig.

Die adventistische Einrichtung *Our Home* (Unser Zuhause) in der **Ukraine** hat im Jahr 2007 mit mehreren Reiseteams insgesamt beeindruckende 23 einmonatige Einführungskurse

74 - Die Übernahme ins Predigtamt geschieht in der Regel nach zwei zusätzlichen Studienjahren.
75 - Anmeldung über *www.lightingtheworld.org*.

im gesamten **russischen Sprachraum** durchgeführt sowie drei Grundkurse in der Einrichtung selbst. Die Schule wird von Dr. Anna Slepenchuck geleitet. Außerdem wurde ein Führungskurs gehalten. Einer der Teilnehmer an diesem Kurs ist heute Vorsteher von Usbekistan. Aus der Arbeit von *Our Home* sind bereits drei weitere Laien-Missionsschulen im russischsprachigen Bereich entstanden (im Ural bei Perm, in Zentralrussland bei Woronesch und in der Ostukraine bei Donetsk). Sie bilden nunmehr ihrerseits Personen für die Missionsarbeit aus. Im gesamten russischsprachigen Raum werden so jährlich 60 – 80 Personen ausgebildet.

Die *Riverside*-Missionsfarm in Sambia

Das adventistische Missionswerk *Riverside Farm*[76] in Sambia, eine OCI-Einrichtung (und OCI wiederum ist bekanntlich Mitglied bei ASI), unterhält seit einigen Jahren drei Missionsschulen. Mittlerweile sind 60 Absolventen dieser Schulen als Pioniere tätig. Kürzlich rief das Missionswerk 14 erfolgreiche Seelengewinner aus diesem Kreis zurück. Es handelte sich um treue, fähige Männer. Sie wurden im Jahr 2007/08 in einem einjährigen Führungskurs ausgebildet, und zwar als Leiter und Lehrer für sieben neue Mini-Missionsschulen in unbetretenen oder mit Gemeinden nur dünn besiedelten Gebieten. Außerdem wurden sie auch handwerklich und landwirtschaftlich ausgebildet.

Im Sommer/Herbst 2008 haben jeweils zwei dieser neuen Lehrer gemeinsam mit Gottes Hilfe je eine Mini-Missionsschule für sechs bis acht Studenten eröffnet. Jeder Schulort ist in einem anderen unbetretenen Gebiet, das heißt im Gebiet eines anderen Stammes, einer anderen Sprache usw. Die Pioniere werden jeweils in ihr eigenes Stammesgebiet entsandt. Daher können sie auf jenem bescheidenen Niveau leben, das in diesem Gebiet besteht. Sie kennen die Kultur, die Sprache, die Verhältnisse usw. Die Schulen und die neuen Leiter haben gemeinsam beraten,

76 - *www.riversidefarm.info*.

wie sie diese Mini-Missionsschulen selbstunterhaltend machen können. Ergebnis: Sie wollen jede Schule mit einer kleinen Bananenfarm von der Größe eines Hektars verbinden. Das sollte pro Jahr durchschnittlich 8000 bis 10 000 Dollar einbringen. Damit könnten Lehrer und Schüler unterhalten werden. Die erste Schule erhielt im Herbst 2008 die nötige Bewässerungsanlage und Bananenpflanzung. Nach der Regenzeit geht es mit den anderen Schulen weiter.

Es klingt fast wie ein Traum, was für diese Schulen vorgesehen ist. Das Startkapital einschließlich des Unterhalts bis zur ersten Ernte beträgt etwa 4000 Euro pro Schule. Diesen Betrag erhält die Schule als Darlehen. Bereits nach der ersten Bananenernte – so der Plan – soll das Darlehen zurückgezahlt werden. Nach etwa einem Jahr findet die erste Bananenernte statt und bringt den eineinhalbfachen bis doppelten Ertrag des eingesetzten Kapitals. Deshalb können die Schulen bei normalem Verlauf bereits nach einem Jahr den gesamten Betrag zurückzahlen.

Außerdem produzieren die Bananenpalmen das ganze Jahr über. Das ist für das »Cash Management« oder den Kapitalfluss außerordentlich vorteilhaft. Aus den rücklaufenden Geldern sollen neue Missionsschulen – wiederum als Darlehen – ihr Startkapital erhalten und dann auch wieder zurückbezahlen. Für eine dieser sieben neuen Schulen hat ein adventistischer Geschäftsmann bereits seine Unterstützung zugesagt. Viele Gebete sind erforderlich, damit diese Pläne mit der Hilfe Gottes auch tatsächlich umgesetzt werden können. Drei dieser sieben Schulen sollen zunächst die »Bananenfarm-Idee« testen. Mit Gottes Hilfe können die bereits bestehenden drei Schulen und die sieben neuen Minischulen jährlich über 100 Personen ausbilden.

Die zwölf Absolventen des zweiten Führungskurses (2008/09) in Sambia sind seit Sommer 2009 dabei, in vier Nachbarländern (Simbabwe, Malawi, Burundi und Tansania) Laien-Missionsschulen aufzubauen.

Living Springs Overseas Mission in Indien

Nach demselben Konzept – Ausbildung von erfahrenen Pionieren als Gründer und Lehrer neuer Missionsschulen – arbeitet auch das Missionswerk *Living Springs* in Indien. Diese OCI-Einrichtung unter Leitung von Bill Dull unterhält seit Jahren zwei Waisenhäuser, drei Missionsschulen und eine Schule zur Hebammenausbildung. Dort begannen die inzwischen in einem Führungskurs ausgebildeten, neuen Lehrer Anfang 2009 zwei neue Missionsschulen. Sobald wie möglich sollen zwei weitere Missionsschulen gegründet werden. Die bestehenden und die neuen Schulen können pro Jahr 80 – 100 Pioniere ausbilden. An den vier Schulorten arbeiten seit etwa zwei Jahren Pioniere, und an zwei Schulorten arbeiten Hebammen mit ihnen zusammen. Jede Schule hat die Aufgabe, mit Gottes Hilfe ein großes unerreichtes Gebiet zu evangelisieren.

Was geschieht im deutschsprachigen Bereich?

Im deutschsprachigen Raum beobachten wir gegenwärtig eine erfreuliche Entwicklung. In Deutschland, Österreich und der Schweiz sind Laien-Missionsschulen entstanden. Und sie sind gut besucht. Im *Missionsbrief* wird regelmäßig darüber berichtet. Die Josia-Missionsschule in Isny im Allgäu (*www.josia-missionsschule.de*) entstand, weil ein Unternehmer-Ehepaar die leerstehende Jugendherberge an ihrem Wohnort für Gemeindezwecke erworben hatte. Die dort dann eingerichtete Laien-Missionsschule wurde im Herbst 2006 durch ASI Österreich ins Leben gerufen und 2007 für ein Jahr mit der Baden-Württembergischen Vereinigung gemeinsam betrieben. Heute ist sie in ausschließlicher Trägerschaft der Vereinigung.

Durch eine besondere Führung Gottes fand ASI Österreich – auch hier war eine Unternehmerfamilie maßgebend – ein Domizil für die Laienmissionsschule in Feldkirchen in Kärnten (*www.tgm-austria.at*). Und das *Mission College for Evangelism* in der Schweiz (*www.missioncollege.ch*) ist mit starker Unterstützung einer Arztfamilie entstanden. Auch hier werden durch den ehemaligen Popmusiker Louis Torres und andere internationale Lehrkräfte in traumhaft schöner Umgebung regelmäßig Personen aus dem gesamten deutschsprachigen Raum zu Laienmissionaren ausgebildet. Die Kurse laufen in Deutschland und Österreich 9 – 10 Monate, in der Schweiz über 3 Monate.

Es wäre zu wünschen, dass alle Ideen bezüglich der selbstunterhaltenden Missionsarbeit zusammengetragen werden. Man könnte diese Ideen dann an *LIGHT* übermitteln (z. B. per E-Mail an James Hartley, *james@lightingtheworld.org*) und so die Kräfte bündeln.

Gott will Erfolg

Ellen White schreibt: »*Der Herr … will bedeutungsvolle Erfolge erzielen*. Während er in seiner Vorsehung auf dieses Ziel hinwirkt, spricht er zu seinem Volk: ›*Geht voran!*‹ Gewiss, der Weg ist noch nicht frei, aber wenn sein Volk in der Kraft des Glaubens beherzt vorangeht, wird Gott den Weg vor den Augen seiner Kinder ebnen.«[77]

Lasst uns weltweit Laien-Missionsschulen aufbauen und fördern, dann »geschieht Großes in kurzer Zeit«. Wenn wir uns alle – und natürlich besonders unsere Selbstständigen und Unternehmer – für den weiteren und raschen Aufbau von Laien-Missionsschulen engagieren, werden enorme Dinge geschehen. Dabei spielt es keine Rolle, ob die Kirchenleitung der Schulträger ist (wie die Vereinigung für die Josia-Missionsschule in Baden-Württemberg), ein ASI-Mitglied wie OCI (so bei TGM in Österreich, der *Riverside Farm* in Sambia oder *Living Springs* in Indien) oder auch *LIGHT*. Erwarte Großes von Gott, und unternimm Großes für Gott!

77 - *Aus der Schatzkammer der Zeugnisse I*, 411 (kursiv von mir).

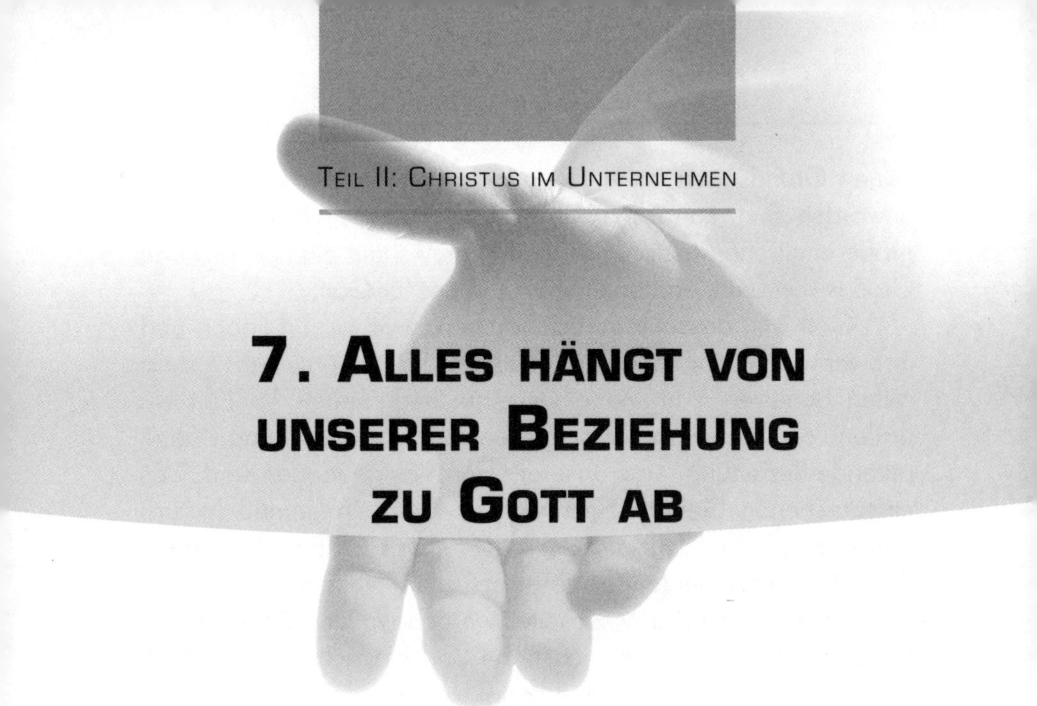

Teil II: Christus im Unternehmen

7. Alles hängt von unserer Beziehung zu Gott ab

Gott ist der beste Unternehmer

Für den christlichen Unternehmer gibt es einige Aspekte, die besonders zu berücksichtigen sind. Natürlich trifft vieles in den nachfolgenden Kapiteln auch auf leitende Angestellte sowie jeden Christen zu, der im Berufsleben steht.

Der Mann oder die Frau an der Spitze eines Unternehmens prägt das Unternehmen in besonderer Weise. Sein oder ihr Einfluss und Vorbild haben eine große Wirkung – natürlich zuallererst auf das gesamte Unternehmen, aber auch auf die Menschen im persönlichen Umfeld. Deshalb ist es wichtig, dass wir uns bewusst machen: Ein ProJesus-Unternehmen hat seine Grundlage in der persönlichen Gottesbeziehung des Inhabers oder Geschäftsführers. Gott wünscht sich eine Vertrauens- und Liebesbeziehung mit uns. Deshalb sind unser Vertrauen zu Gott und unser Wachstum in unserer von Liebe geprägten Beziehung zu Gott von entscheidender Bedeutung. Unser Herr will uns auch im Berufsleben und in unserer unternehmerischen Verantwortung beistehen und uns zu seiner Ehre gebrauchen. Gott segnet alle Menschen, die nach seinen Grundsätzen handeln. Jedoch für jene, die seine Jünger geworden sind, kann und will er noch erheblich mehr tun. Der große englische Missionar William Carey sagte einmal: »Erwarte Großes von Gott, und unternimm Großes für Gott.«

Gott will, dass wir ihm gehorchen, weil wir ihn lieben und ihm vertrauen. Wir sollen ihn nicht um des persönlichen Vorteils willen benutzen. Anhand eines einfachen Gebets können wir prüfen, ob und wieweit wir eine echte Jüngerbeziehung – eine rettende Beziehung – mit unserem Herrn eingegangen sind. Das entsprechende Gebet ist schlicht. Es kann sinngemäß lauten: *»Herr, ich übergebe mich dir mit allem, was ich bin und habe.«* Das ist ein entscheidender Vorgang. Ellen White schreibt dazu: »Nur jene, die Christi Mitarbeiter werden wollen, nur jene, die sprechen: Herr, alles was ich habe und was ich bin, ist dein!, werden als Kinder Gottes anerkannt werden.«[78]

Jeder sollte sich fragen: Lebe ich in dieser vollen Hingabe? Wenn nicht: Was könnte mich hindern, diesen Schritt zu tun? Wer Fragen in dieser Beziehung hat, sollte das Seminar *Freundschaft mit Gott* studieren.[79] Darin geht es um die Fragen wie: Wie kann ich eine Freundschaft mit Gott eingehen? Welche Bedeutung hat Gottvertrauen für mein Leben? Wie kann ich Gott persönlich kennenlernen?

Empfehlenswert ist in diesem Zusammenhang auch die Broschüre *Gewissheit im Glauben – Wie erfährt man das?* von Bill Bright.[80] Es lohnt sich sogar, sie mehrmals zu lesen. Hier geht es um die Fragen: Was für Gründe können vorliegen, wenn man keine Gewissheit über eine persönliche Beziehung mit Christus hat? Welche Rolle spielen Verstand, Gefühl und Wille bei der Entscheidung für Christus? Gibt Gott nicht demjenigen, der Christus aufrichtig als seinen Herrn angenommen hat, irgendeine Bestätigung? Wie sieht diese aus?

---

78 - *Das Leben Jesu*, 514.

79 - Unter *www.missionsbrief.de* – »Jüngerschaft«; dort besonders Teil 1 (8 Seiten).

80 - Unter *www.missionsbrief.de* – »Jüngerschaft« – »Mitteilbare Konzepte«.

Glaubwürdig führen

Wer in voller Hingabe an unseren Herrn lebt, kann glaubwürdig führen. Nach einer Studie von Prof. Dr. Eugen Buß von der Universität Hohenheim ist die sogenannte Persönlichkeitsautorität die zentrale Autorität in uns. Diese Persönlichkeitsautorität ist eine Haltung, die sich nicht nur an Effizienz- und Erfolgswerten orientiert, sondern die ihre eigenen Maßstäbe an ethisch-moralischem Handeln ausrichtet. In diesem Sinne erklärte auch der Vorstandsvorsitzende eines großen deutschen Konzerns: »Persönlichkeitsautorität bedeutet, dass man Menschen für sich begeistern kann. Und dies gelingt einem Manager nur, wenn er die eigenen sittlichen Werte glaubhaft vorlebt und dadurch etwas bewirkt.« Nach einer Befragung von Professor Buß rangiert im Selbstverständnis der deutschen Vorstände die Fachautorität deutlich hinter der Persönlichkeitsautorität.[81]

Auch eine Studie der internationalen Personalberatung *Hewitt Associates* unterstreicht die Wichtigkeit der Führungsqualität des Unternehmenslenkers. Nach dieser Untersuchung entscheiden weder die Größe des Unternehmens noch die Branche über die Zufriedenheit und das Engagement der Mitarbeiter. Ausschlaggebend sei vor allem das Verhalten der Führungskräfte. Diese schafften das Umfeld, in dem Mitarbeiter überdurchschnittliche Leistungen erbringen und lange Zeit im Unternehmen bleiben.

Laut Umfrage sehen 83 Prozent der Personalverantwortlichen und 71 Prozent der Topmanager die größte Herausforderung der Zukunft darin, die besten Talente im Unternehmen langfristig zu motivieren. Den Führungskräften komme dabei eine Schlüsselfunktion zu. Verantwortungsvoll und gut zu führen sei weder leicht noch selbstverständlich. Deshalb rät die Studie allen Führungskräften:

81 - *CiW Wirtschaftsnachrichten*, 16.10.2007.

1. Vermitteln Sie Ihren Mitarbeitern, dass sie wichtig sind. Seien Sie sichtbar und ansprechbar. Informieren Sie offen über Veränderungen und sprechen Sie regelmäßig über Visionen, Strategien und Ziele. Achten Sie darauf, dass die Vertrauensbasis stimmt.
2. Übertragen Sie Ihren Mitarbeitern Verantwortung. Kommunizieren Sie individuelle und Unternehmensziele klar. Ermöglichen Sie den Mitarbeitern, Entscheidungen eigenverantwortlich zu treffen und eigene Ideen einzubringen. Berücksichtigen Sie Mitarbeitervorschläge bei Ihren Entscheidungen und leben Sie eine Kultur, in der Erfolge ausreichend kommuniziert, anerkannt und belohnt werden.
3. Ermöglichen Sie Entwicklung und Perspektiven. Bieten Sie Möglichkeiten beruflicher und persönlicher Weiterentwicklung. Bauen Sie Mitarbeiter aus den eigenen Reihen auf, anstatt sie extern zu rekrutieren, und sorgen Sie dafür, dass das Wissen erfahrener Mitarbeiter weitergegeben wird. So sichern Sie das Weiterbestehen der Unternehmenskultur ab. Achten Sie darauf, dass Neueinstellungen den Werten und der Kultur des Unternehmens entsprechen.
4. Seien Sie Ihren Mitarbeitern ein positives Beispiel. Als Führungskraft nehmen Sie eine Schlüsselrolle ein. Steuern Sie durch Ihr Vorbildverhalten und senden Sie klare Signale. Wenn Sie erwünschtes Verhalten vorleben, wissen Ihre Mitarbeiter, was von ihnen erwartet wird.[82]

Ein persönliches Zeugnis

Als ich (HH) ein junger und engagierter Prokurist in einer internationalen Spedition war, sprach der Herr durch das Taschenbuch *Ich war ein Gangster* von Jim Vaus zu meinem

82 - *CiW Wirtschaftsnachrichten*, 3.4.2008.

Herzen. Der Autor war – er wusste selbst nicht wie – in eine Evangelisationsveranstaltung von Billy Graham geraten. Dadurch erlebte er seine Bekehrung. Danach bekannte er rückhaltlos seine Sünden. Dazu gehörten Diebstähle, Meineid und anderes. Nach dieser Wende in seinem Leben machte er eindrucksvolle Gebetserfahrungen.

Nachdem ich dieses Buch gelesen hatte, sagte ich mir: »Mir geht es gut, meine Frau und mein Junge sind gesund. Wir leben in einer wunderschönen Gegend. Ich habe eine gute Stellung, wir sind engagierte Glieder in der Gemeinde. Aber solche direkten Erfahrungen mit Gott habe ich kaum.« Diese Erkenntnis führte dann dazu, dass ich mit Gott im Gebet eine Abmachung traf. Ich sagte ungefähr dies: »Ich merke nichts von deinem Eingreifen, Herr. Auch ich will jetzt mit deiner Hilfe alle Sünden bekennen, die mir bekannt sind und auch die, die du mir noch zeigen wirst. Und ab sofort werde ich morgens eine Stunde früher aufstehen und diese Zeit für dein Wort und das Gebet verwenden. Dann will ich sehen, ob du auch in mein Leben eingreifst.«

Gott hat eingegriffen. Ich führe seit Jahrzehnten ein Segensbuch, in dem ich meine Gebetserhörungen festhalte und täglich meine Dankgründe notiere. Die Gewohnheit, eine Stunde für die Andacht zu reservieren, hat mich bis heute begleitet. Sie ist zu einem Anker meines Lebens mit Gott geworden. Ich habe festgestellt, dass ich durch den empfangenen Segen einen Zeitgewinn habe, da ich oft Umwege vermeiden kann, wichtige Gesichtspunkte erkenne und stärker motiviert bin.

Aber das war noch nicht alles: Nach dem plötzlichen Tod eines befreundeten Predigers – ich war damals 36 Jahre alt – bewegte mich die Frage: Wen wird Gott an seine Stelle rufen? Dann stand plötzlich der Gedanke vor mir: Und wenn er mich rufen würde? Oh, ich wollte unter keinen Umständen Prediger werden! Aber da wurde mir das erste Mal bewusst, dass ich mich Jesus nicht wirklich übergeben hatte. Ich hatte seine Lehren akzeptiert, aber nicht seinen Weg für mein Leben. Ich kämpfte eine ganze Woche lang mit ihm – und mit mir. Als ich schließlich nichts mehr zu sagen wusste, wurde ich ganz still. Und mir wurde bewusst: »Gott liebt dich! Er liebt auch deine Frau und deine Kinder! Er wird dich nicht rufen, wenn du dadurch unglücklich wirst oder wenn er dir nicht die Gaben und Fähigkeiten gibt, die nötig sind. Außerdem ist er allwissend und allmächtig.«

Da ging mir auf, dass das Leben – wenn ich es nach meinen eigenen Vorstellungen führen will – riskant ist. Es gibt gar nichts Besseres, als sich dem Herrn zu übergeben und seinen Plan mit mir anzunehmen. Sofort vertraute ich in einem Gebet mein Leben vollständig Gott an und versprach, ihm in allem zu folgen – auch wenn er mich als Prediger rufen würde. Von da an hatte ich großen Frieden. Als ich eineinhalb Jahre später Gottes Ruf erhielt, Prediger zu werden, kämpfte ich nicht dagegen an. Heute – über 40 Jahre später – kann ich Gott nur für seine Führung und seinen Segen loben und danken.

Doch eines ist mir schon relativ früh bewusst geworden: Die beständige Beziehung mit unserem Herrn wird gepflegt durch besondere Zeiten, nämlich eine tägliche persönliche stille Zeit und eine kurze Familienandacht. Dazu gehören auch die Heiligung des Sabbats mit dem regelmäßigen Gottesdienstbesuch sowie ein beständiges Leben im Gehorsam in der Kraft des Heiligen Geistes.

8. Die Wertepyramide

Man kann Unternehmen nach ihren Werten untergliedern. Dabei kann man sich an der folgenden Wertepyramide orientieren:

1. **Keine Werte**

Es gibt eine ganze Reihe von Unternehmen, die ohne Zielvorgabe und ohne Werte ihr Dasein fristen.

2. **Viel Geld verdienen** (*Shareholder Value*)

Es geht nur ums Geld. Alles andere ist zweitrangig. Das sind Unternehmen, die durch ihren Egoismus viel Not in diese Welt bringen (hier liegen sicher einige der Ursachen für die weltweite Finanzkrise).

3. **Ausrichtung auf die Gesellschaft** (*Stakeholder Value, Corporate Citizenship*)

Hier geht es um Unternehmen, die wie gute Staatsbürger leben. Sie leisten gerne auch einen Beitrag für die Allgemeinheit, etwa in Kultur, Sport, usw. Es geht hier nicht nur um die Vermögensvermehrung der Inhaber oder Anteilseigner. Es sollen gute und sichere Arbeitsplätze geschaffen werden.

Es geht auch um den Wert gegenüber Lieferanten, Kunden und – soweit möglich – darüber hinaus.

4. Wertevermittlung (*Shared Values*)

Im Unternehmen existieren nicht nur klar definierte Werte – dazu gehören etwa Ehrlichkeit, Fairness, Rücksichtnahme usw. –, sondern sie werden auch kompromisslos ausgelebt. Die positiven Folgen eines ethischen Handelns treten bei allen ein, die das praktizieren.[83]

5. Ewigkeitswerte

Solche Unternehmen verstehen sich als wirtschaftliche Einheiten, die dem Reich Gottes dienen. Sie benutzen ihre Möglichkeiten zur Weitergabe des Evangeliums und zur Förderung der Mission. Der Kopf eines solchen Unternehmens lebt in voller Hingabe an Jesus Christus. Zu den positiven Folgen der Wertevermittlung kommt hier noch das übernatürliche Eingreifen Gottes hinzu.

83 - Siehe unten: »Die Toyota-Philosophie«.

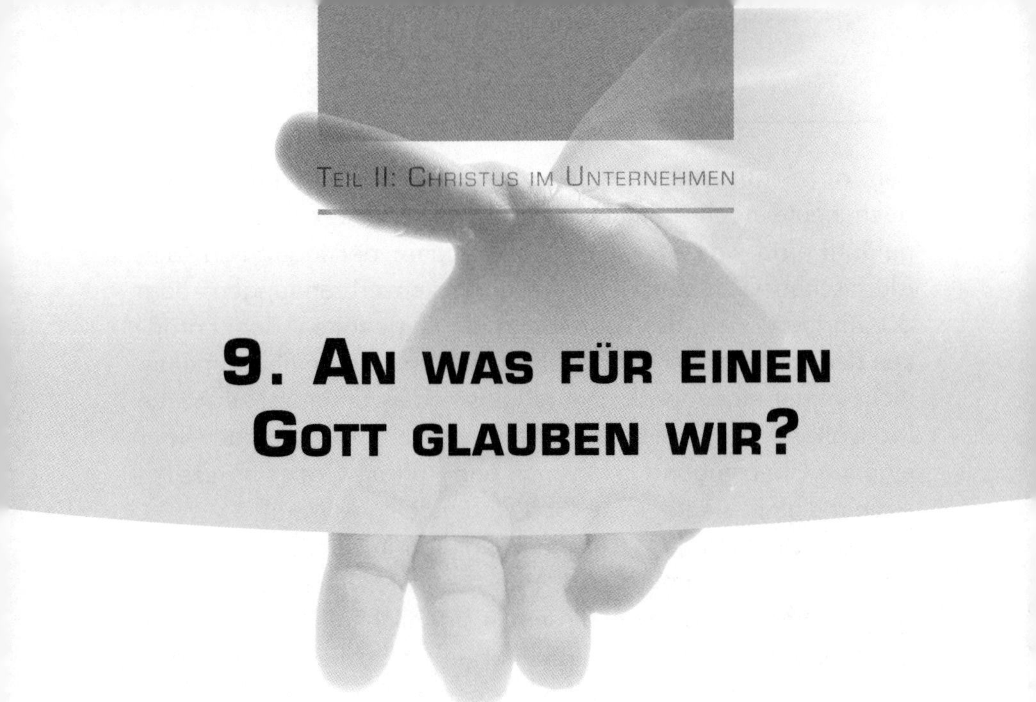

9. An was für einen Gott glauben wir?

Christliche Werte in einem Unternehmen – oder auch in einer Familie – umzusetzen, mag ja schön und gut sein, doch wo fängt das an? Und wie sieht das im Einzelnen aus? Mein Verständnis von dem, was christliches oder Gott wohlgefälliges Handeln ausmacht, ist entscheidend geprägt von meinem Gottesbild. Ich werde wie der Gott, den ich verehre. Der Charakter, den ich Gott zuschreibe, färbt auf mich ab. Seine Ideale werden zu meinen Idealen. Sein – zumindest unterstelltes – Verhaltensmuster wird zu meinem Verhaltensmuster. Wenn wir also davon sprechen, dass wir in unserem wirtschaftlichen Verhalten (das heißt in der Art und Weise, wie wir ein Produkt herstellen, eine Dienstleistung erbringen, Personal führen, Geld ausgeben, investieren oder verdienen oder auch wie wir mit Geschäftspartnern umgehen) christlich handeln wollen, dann müssen wir uns zuerst darüber im Klaren sein, wie Gott wirklich ist – und vielleicht auch, wie er nicht ist.

In der Geschichte der Menschheit wurden die meisten Menschen nicht von bösen Menschen umgebracht, die versuchten, andere Menschen zu zwingen, auch böse zu sein, sondern von »guten« Menschen, die versuchten, andere Menschen zu zwingen, auch »gut« zu sein. Wie viele Kriege wurden – und werden auch heute noch – im Namen Gottes und der Gerechtigkeit geführt! Und was ist mit den Kreuzzügen, der Inquisition, den islamischen Glaubenskriegen, den Hexenverbrennungen, dem 30-jährigen Krieg, der Vertreibung der Hugenotten, dem Ertränken der Wiedertäufer etc.? Gab es hinter all diesen Phänomenen nicht immer eine moralische, religiöse oder zumindest kirchliche Motivation? Waren hier nicht Menschen am Werk, die nach ihrer eigenen Überzeugung im Namen und Auftrag Gottes handelten – die meinten, sie täten ein Gott wohlgefälliges Werk?

Die Liste religiös motivierter Untaten in der Geschichte ist lang. Viele Ungläubige und Atheisten leiten ihre Position des Unglaubens gerade von diesem erstaunlichen Phänomen ab. Bei einem flüchtigen Blick könnte man tatsächlich zu der Überzeugung kommen, die Welt wäre besser dran, wenn es keine Religion gäbe. John Lennon sang: »Stell dir vor, es gäbe keinen Himmel«. Und dann malt er das Bild eines friedlichen Planeten – der friedlich ist, weil es keine Religion gibt. Es sind nicht wenige, die ihm zustimmen und ebenfalls in der Religion die Ursache für Krieg und Grausamkeiten sehen.

Es kommt also ganz entscheidend darauf an, dass wir wissen, wie Gott wirklich ist. Das bedeutet, dass wir Gott nicht nur mit ein paar – leider oft abgegriffenen – Eigenschaften wie Liebe, Allmacht und Gerechtigkeit beschreiben, sondern dass wir tiefer gehen – dass wir sein Handeln, seine Verhaltensmuster anhand der Bibel aufzeigen. Wir können und sollten beispielsweise seine Toleranz und Fairness anhand von Bibelstellen und angewandter Logik plausibel machen. Das ist wichtig für unser eigenes Verständnis, aber auch für unseren Dialog mit anderen. Behauptungen aufzustellen ist nicht genug, mögen sie auch noch so positiv sein.

Am besten können wir den Charakter Gottes anhand des Berichts von der Rebellion des Luzifer und Gottes Reaktion darauf darstellen. Dieser Bericht erlaubt es uns zugleich, die Irrlehre einer ewigen Höllenqual für Ungläubige zu widerlegen oder zumindest *ad absurdum* zu führen. Es ist nämlich gerade diese Vorstellung, dass Gott die Ungläubigen am Ende der Zeit unendlich lange foltern wird, die viele Gottgläubige zu Monstern werden lässt. Denn: Ich werde wie der Gott, den ich verehre. Eine wichtige, aber eben irrige Konsequenz dieser Vorstellung und dieses Gottesbildes ist die Annahme, Gott würde mich dadurch motivieren, Gutes zu tun, moralisch zu handeln und ihn zu lieben, dass er mir die grausamste Folter androht. »Liebe mich, oder ich foltere dich!«

Angst durch die Androhung von Schmerzen ist angeblich das Mittel, das Gott einsetzt, um uns zu »guten« Menschen zu machen. Der Zweck heiligt die Mittel, so die Meinung vieler religiöser Menschen. Angst machen sei okay, solange am Ende Gott wohlgefälliges, christliches Handeln dabei herauskomme. Aber ist das wirklich das Ergebnis? Führt ein Dienst aus Angst nicht eher zur Rebellion gegenüber dem, der uns Angst macht? Und werde ich so nicht eher zu einem verkrampften und freudlosen Christen? Und werde ich meine Mitmenschen dann nicht ebenso behandeln, wie ich mich durch Gott behandelt fühle? Werde ich nicht das gleiche Verhaltensmuster an den Tag legen, das ich Gott unterstelle – indem ich nämlich meine Mitarbeiter oder Geschäftspartner (oder auch Kinder oder meinen Ehepartner) zu Treue und Gehorsam durch die Androhung von Strafmaßnahmen zwinge bzw. nötige?

Am Anfang gab es ein vollkommenes Universum. Alle Wesen lebten in Freiheit und Frieden. Sie dienten Gott aus Liebe und in Freiwilligkeit. Aus Gründen, die wir nicht kennen (und auch nicht nachvollziehen können), zettelte einer der Engelsfürsten eine Rebellion gegen Gott an. Sein Name: Luzifer. Er wollte Gott gleich sein. Und deshalb beschuldigte er Gott, ein Tyrann zu sein. Gottes Gesetz sei ungerecht, behauptete er. Es schränke die Freiheit der von Gott geschaffenen Wesen ein. Nach der Rebellion, der sich ein Drittel aller Engel anschloss, brachte Gott die Unruhestifter jedoch nicht einfach um. Warum nicht? Er wusste, dass er so die Anschuldigung, er sei ein Tyrann, eher bestätigt hätte. Und was noch schlimmer gewesen wäre: Er hätte den loyalen Engeln Angst gemacht, und die hätten Gott von da an aus Angst und nicht aus Liebe und Verehrung und schon gar nicht freiwillig gedient. Sie hätten vor Gott gebuckelt und den Mund gehalten – aus Angst, Gott könnte auch sie umbringen. Was aber wäre die Folge eines solchen Dienstes aus Angst vor einer grausamen Strafe gewesen? Früher oder später hätte es eine neue Rebellion gegeben. Sie hätten sich gegen Gott aufgelehnt, weil sie es leid gewesen wären, ihm aus Angst zu dienen. Denn: Ein Dienst aus Angst schafft den Geist der Rebellion. Deshalb entschied sich Gott für eine offene Beweisführung – wie in einem rechtsstaatlichen Gerichtsverfahren.

Gott hätte Luzifer und seine rebellischen Anhänger auf der Stelle umbringen können. Gott ist schließlich allmächtig, und die Anschuldigung war eine Lüge. Das wäre eine einfache Lösung gewesen. Gott hätte den Krieg militärisch gewinnen können. Doch hätte er ihn dann auch politisch und psychologisch gewonnen? Mit Sicherheit nicht – zumindest hätten wir dann heute kein freies Universum, in dem jeder Mensch, jedes intelligente Wesen Gott aus Liebe und in Freiheit dienen würde. Weil Gott das wusste, erlaubte er Luzifer oder Satan bzw. dem Teufel, wie er ja später genannt wurde, die Prinzipien seines Charakters und seiner Regierung vor aller Augen zu demonstrieren – zunächst im ganzen Universum, dann jedoch (nachdem sich der Mensch durch den Sündenfall der Rebellion Satans angeschlossen hatte) ausschließlich auf dem Planeten Erde. Er selbst, Gott, tat das Gleiche – und er tut es immer noch. Wir nennen das den großen Kampf oder Konflikt.

Das tiefere Wesen dieser Auseinandersetzung ist jedoch nicht so sehr eine physisch-militärische Auseinandersetzung, als vielmehr eine Frage nach dem Charakter Gottes. Es geht um das Gottesbild. Während Satan seitdem mit Zwang, Gewalt, Lüge, Betrug, List und Verführung arbeitet, um Menschen auf seine Seite zu ziehen – oder besser: auf seiner Seite zu halten – und sie letztlich in diesem Leben und auf ewig zu vernichten, demonstriert Gott seine Liebe, Treue, Fairness, Gerechtigkeit, Barmherzigkeit, Geduld, Güte und Vergebungsbereitschaft. Diese wunderbaren

Eigenschaften Gottes fanden im Leben und stellvertretenden Opfertod Jesu Christi ihren Höhepunkt.

Gottes Ziel ist, nach Möglichkeit alle Menschen für die Ewigkeit zu retten. Aber das kann er nicht gegen den Willen der Menschen. Der Zweck heiligt eben nicht die Mittel. Sonst hätte Gott ja von Anfang an jedem seiner geschaffenen Wesen einen »Loyalitäts-Chip« einsetzen können. Er hätte sich so viel Ärger erspart. Aber dann hätte Luzifer eben recht gehabt mit seiner Behauptung, Gott sei ein Tyrann, niemand würde ihm freiwillig folgen. Aber so ist Gott eben nicht. Er möchte unsere Liebe und Freundschaft. Und die können wir ihm nur geben, wenn wir wirklich Entscheidungsfreiheit haben. Wahre Freiheit bietet Entscheidungsmöglichkeiten – und eben auch das Risiko einer falschen Entscheidung.

Die Gott treu gebliebenen Wesen im Universum und alle Menschen, die sich letztendlich von Gott freiwillig und aufgrund ihrer eigenen Entscheidung retten lassen, werden am Ende dieser Auseinandersetzung zwischen Gott und Satan zutiefst davon überzeugt sein, dass sie Gott vertrauen können, dass Gott liebevoll, fair und gerecht ist. Ihre Liebe und Zuneigung zu Gott hat absolut nichts mit Angst vor Folter, aber sehr viel mit einer Bewunderung seines Charakters zu tun. Nur durch eine intelligente, begründete Entscheidung, nur durch eine rationale Schlussfolgerung aus dem beobachteten und erlebten Handeln Gottes kann sichergestellt werden, dass es in der Ewigkeit keine neue Rebellion, keinen zweiten »Fall Luzifer« geben wird.

Eine Entscheidung für Gott kann nur auf der Grundlage von Freiheit, Einsicht und Liebe Bestand haben. Eine solche Entscheidung muss auch im nüchternen Zustand getroffen werden. Nur so können wir nicht manipuliert werden. Nicht nur Alkohol, sondern auch ein Gefühlsrausch – etwa durch Musik, Massenhysterie oder eine bestimmte Art zu predigen – kann unsere Sinne und damit unser Urteilsvermögen benebeln und unsere Entscheidungsfreiheit negativ beeinflussen. Deshalb ist es so wichtig, dass wir den Charakter Gottes wirklich kennen und dass wir Gott aufgrund der richtigen Motive lieben. Das geht nur über den Verstand, die Logik. Das ist mehr als ein Gefühl. Und Liebe aus Angst gibt es schon gar nicht. Gottesfurcht ist übrigens nicht Angst, sondern Ehrfurcht oder Respekt und Bewunderung. Einem Gott, vor dem man Angst hat, kann man nicht vertrauen, und man kann ihn nicht lieben. Liebe und Vertrauen können wir nur freiwillig geben. Man kann durch ein entsprechendes Verhalten um sie werben, aber man kann sie nie erzwingen. An dieser Stelle hilft auch Gottes Allmacht nichts – sondern nur sein wunderbarer Charakter.

Zum Glück muss ich Gott nicht blind vertrauen, wie selbst viele ernste Christen und noch mehr Ungläubige meinen. Er hat sich die Mühe gemacht – und er macht sich immer noch die Mühe –, uns zu überzeugen, und zwar durch sein Handeln: in der Geschichte, wie wir sie in der Bibel nachlesen können, in unserem Leben und im Leben vieler anderer Menschen. Der größte Beweis seiner Liebe besteht wie gesagt darin, dass er Mensch wurde in Jesus Christus und unter uns lebte – und sogar für uns starb. Gott nimmt uns für voll. Er zwingt uns nicht, sondern gibt uns die Chance und den Freiraum, uns unser eigenes Urteil über ihn zu bilden.

Gott wusste, dass das Problem der Rebellion im Universum nur auf dieser Basis zu lösen ist. Wir dürfen und müssen uns freiwillig für ihn entscheiden, wenn wir gerettet werden wollen, wenn wir wirklich frei sein wollen. Tun wir es jedoch nicht, dann wird er zwar traurig sein, aber er wird unsere Entscheidung respektieren. Im Himmel und auf der neuen Erde wird es nur Freiwillige geben. Zwang oder Manipulation gibt es nicht. Mit Zwang, Gewalt und Manipulation kann man das Problem des vorübergehend unvollkommenen Universums nicht reparieren. Sonst hätte Satan recht mit seiner Behauptung, Gott würde uns zu seinen Gunsten manipulieren. Es ist genau dieser Gott und es sind diese Gründe, die uns veranlassen, Gott zu lieben und zu verehren.

Und es ist genau dieses Gottesbild, das Auswirkungen auf meinen Umgang mit anderen Menschen hier und heute hat – etwa in meinem Unternehmen und in meiner Familie. Wenn ich dem wahrhaft toleranten Gott nacheifere, werde ich auch meine Mitarbeiter, meinen Ehepartner und meine Kinder nicht mit Druck oder Manipulation behandeln, sondern nur mit Vorbild und Beweisen meiner Christlichkeit. Ich werde meine Sicht von Gott, mein Christsein demonstrieren und darauf setzen, dass mein Charakter und mein Verhalten zu Gegenliebe, Achtung, Vertrauen und Loyalität führen. Auch werde ich meine möglicherweise überlegene Intelligenz und Bildung nicht benutzen, um andere zu manipulieren. Zwang, Gewalt und Manipulation sind die Methoden Satans, um unsere Loyalität zu gewinnen oder besser: zu erschleichen. Sie entspringen seinem Charakter. Zu gern möchte er Gott die gleichen Methoden und Charakterschwächen unterstellen. Gott arbeitet jedoch mit Toleranz, dem Prinzip der Freiwilligkeit und der Demonstration seiner Liebens- und Vertrauenswürdigkeit. Dieses Gottesbild sollten wir propagieren. Dieses Gottesbild sollten wir zum Zentrum unserer Unternehmenskultur und zum Leitmotiv unseres gesamten Handelns machen. Diese Methoden Gottes im Umgang mit der Rebellion im Universum sollten wir in unserer Welt imitieren – gerade gegenüber jenen, die auf irgendeine Weise von uns abhängig sind.

Wenn mich (GP) vor 20 Jahren jemand gefragt hätte, was der Hauptunterschied zwischen Adventisten und anderen Christen sei, dann hätte ich wahrscheinlich zunächst vom Sabbat gesprochen. Und das ist ja auch in der Tat ein wichtiger Unterschied. Heute spreche ich zuallererst von unserem einzigartigen und biblischen Gottesbild. Und das Gute ist: Wir können es durch intelligente und biblische Argumente begründen. Dieses Gottesbild unterscheidet sich deutlich vom Gottesbild praktisch aller anderen Christen. Nichts definiert unsere Identität als Siebenten-Tags-Adventisten klarer und deutlicher. Hier ist ein Pfund, mit dem wir »wuchern« sollten.

Deshalb müssen wir, wenn wir in unserem Unternehmen oder unserer Familie von Gott sprechen, unbedingt zuerst klar machen, wer und wie dieser Gott ist. Denn ich werde wie der Gott, den ich verehre.

10. Was ist eine bibelbasierte Unternehmenskultur?

Unser Christsein hat Konsequenzen

Unser ganzes Handeln soll biblischen Grundsätzen entsprechen – selbstverständlich auch unser Produkt bzw. unsere Dienstleistung. Wir werden stets danach streben, beste Qualität zu produzieren und das zu liefern bzw. einzuhalten, was wir vertraglich versprochen haben. Zweifellos segnet der Herr auch keine Geschäfte, bei denen es beispielsweise um die Herstellung oder den Vertrieb von Alkohol, Tabak oder Rüstungsgütern geht. Sinngemäß trifft das natürlich auch auf entsprechende Dienstleistungen zu.

Was ist unser Unternehmensziel? Besteht es nur darin, viel Geld zu verdienen, oder sind es Ewigkeitswerte? Natürlich wollen wir ein profitables Unternehmen. Das ist ja auch nicht verwerflich. Wir wollen auch unserer gesellschaftlichen Verantwortung nachkommen. Aber unser übergeordnetes Ziel ist die Verkündigung des Evangeliums, die Förderung der Mission und damit die Schaffung von Ewigkeitswerten. Unser Unternehmen wird niemals sein volles Erfolgspotenzial entfalten, solange wir es nicht unter Gott und mit

Gott führen: »Denkt bei allem daran, dass ihr für den Herrn und nicht für die Menschen arbeitet.« (Kol 3,23; Hfa)

Der Grundsatz der Ehrlichkeit im Geschäftsleben stammt direkt von Gott: »Waage und rechte Waagschalen sind vom Herrn.« (Spr 16,11) – »Falsche Waage ist dem Herrn ein Gräuel; aber ein volles Gewicht ist sein Wohlgefallen.« (Spr 11,1) Das Produkt muss also einhalten, was die Werbung oder ein Vertrag verspricht. Rechtes Maß und Gewicht! Außerdem hält ein ProJesus-Unternehmen die staatlichen Verordnungen ein. Jesus sagt: »So gebt dem Kaiser, was des Kaisers ist, und Gott, was Gottes ist.« (Mt 22,21) Auch die Verträge und Abmachungen mit Mitarbeitern, Kunden, Lieferanten, Banken, usw. werden eingehalten. Und – es wird ein fairer, freundlicher, ja wohlwollender Umgang gepflegt. Zur Ehrlichkeit gehört es natürlich auch, niemanden zu bestechen oder Bestechungen anzunehmen.

Über Manfred Maus, Gründer und heute Aufsichtsratsvorsitzender der OBI-Baumärkte, heißt es in dem *Impulse*-Artikel »Wo ist Gott in ihrer Firma?«: »Von allen christlichen Werten … hebt er eines immer wieder hervor – Ehrlichkeit. Katholik Maus hat als Unternehmer bewiesen, wie weit man es mit Ehrlichkeit bringen kann. Auch dort, wo es am schwierigsten ist – bei der Eroberung neuer Märkte. Selbst da, wo andere Hunderte von Millionen an Bestechungsgeldern zahlten, blieb Maus seinem Grundsatz treu. Als er in den 90er Jahren auf dem chinesischen Markt Fuß fassen wollte, hatte er einen einheimischen Berater an seiner Seite. Der erwähnte, dass gewisse Leute ein finanzielles Dankeschön erwarteten – und fiel aus allen Wolken, als Maus erklärte, er denke nicht daran, irgendjemanden zu schmieren. Es kam zum Krach, der chinesische Manager wollte alles hinwerfen. Maus versuchte, ihn in vielen Gesprächen von seinem Weg zu überzeugen. Weitere Konferenzen mit den örtlichen Entscheidern wurden geführt, um sie wegen der wirtschaftlichen Vorteile für seine Investition zu gewinnen. ›Wir haben schließlich 14 Baumärkte in China gegründet, ohne dass ein Euro in dunkle Kanäle ging.‹«[84]

84 - *Impulse*, Jan. 2009, 22.

Was geschieht, wenn wir Sünden bekennen

Im Alter von etwa 20 Jahren war ich (HH) Disponent in der neugegründeten Filiale einer Spedition in Frankfurt am Main. Ich erinnere mich noch heute – nach fast 60 Jahren – mit aller Deutlichkeit an ein Erlebnis, das lebenslange positive Auswirkungen für mich haben sollte:

Wir hatten gerade einen großen Hersteller von Druckfarben als Kunden gewonnen. Eines Tages rief der Versandleiter an und fragte: »Können Sie 600 Kilogramm Druckfarben so befördern, dass sie morgen bis spätestens 18.00 Uhr bei der Stuttgarter Zeitung sind? Die werden dort nämlich morgen Nacht zum Drucken benötigt.« Ich sagte zu, da wir an diesem Tag einen Lastzug nach Stuttgart und Ulm abfertigten.

Aus irgendeinem Grund kam es jedoch nicht wie zugesagt zur Verladung. Am nächsten Tag – kurz vor 18.00 Uhr – rief der in Frankfurt ansässige Versandleiter an und sagte: »Ich hatte eben einen Anruf aus Stuttgart, die Druckfarben sind noch nicht dort.« Meine spontane Antwort war: »Was, die sind noch nicht da?« Das war eine Notlüge. Ich wusste, dass sie zwar inzwischen verladen worden waren, aber der abfahrbereite Lastwagen stand noch bei uns auf dem Hof.

Der Kunde stellte weitere Fragen. Da ich begonnen hatte zu lügen, musste ich weiter lügen, damit meine erste Notlüge nicht als solche erkannt wurde. Als wir eingehängt hatten, gab ich dem Fahrer den Auftrag, sofort loszufahren und möglichst ohne Halt bis zur Stuttgarter Zeitung durchzufahren. Dort sollte er die Empfänger sofort darauf aufmerksam machen, dass er die benötigten Druckfarben bringt. Die Sache klappte.

Als ich am nächsten Morgen die Stuttgarter Zeitung anrief, erfuhr ich, dass die Lieferung um 22.00 Uhr angekommen war und dass man nachts planmäßig damit hatte drucken können. So rief ich den Frankfurter Versandleiter an und teilte ihm das mit. Damit schien alles wieder in Ordnung zu sein.

Allerdings hatte ich in der vorausgegangenen Nacht schlecht geschlafen. Auch jetzt fühlte ich mich alles andere als wohl. Ich überlegte: Soll ich mein Lügen bekennen? Soll ich meinen Chef fragen, ob ich dem Kunden gegenüber beichten müsse? Ich verwarf diesen Gedanken, da ich mir sicher war, dass er sagen würde, es sei ja alles in Ordnung, niemand habe etwas bemerkt, und ich solle nur keine schlafenden Hunde wecken.

So rief ich in Abwesenheit meines Chefs den Versandleiter an und fragte ihn, ob ich ihn einmal abends zu Hause besuchen dürfte. Er gab mir seine Adresse. Als ich sein Reihenhaus betrat – im Flur war es etwas dunkel, also gerade richtig für ein Bekenntnis – sagte ich ihm sofort: »Ich möchte Sie um Verzeihung bitten. Ich habe Sie gestern belogen.« Er legte mir die Hand auf die Schulter und antwortete: »Herr Haubeil, was Sie gestern gesagt haben, klang alles sehr logisch. Aber ich hatte das Empfinden, dass es nicht stimmt. Jetzt ist alles wieder in Ordnung.« Ich war sehr erleichtert und fuhr frohen Herzens nach Hause.

Das Ergebnis: Dieser Versandleiter hatte ab diesem Tag unbegrenztes Vertrauen zu mir. Wir arbeiteten noch acht Jahre lang zusammen. Keiner unserer Wettbewerber war in der Lage, bei ihm etwas gegen uns auszurichten. Was wäre gewesen, wenn ich meine Lüge nicht bekannt hätte, besonders nachdem der Kunde das Empfinden gehabt hatte, dass meine Aussage nicht stimmte?

Ich hütete mich fortan, noch mal so etwas zu tun. Der Herr hat uns den Weg des Bekennens gegeben. Er ist zweifellos schwer. Doch so haben wir einen Schutz vor einer Wiederholung unserer Verfehlung. Wenn wir Unrecht getan haben, ist es am besten, es sofort unserem Herrn zu bekennen und ihn zu bitten, mit uns zu sein, wenn wir dies bei den Menschen in Ordnung bringen.

Erst viel später habe ich von einem interessanten Versuch gelesen. Bei diesem Experiment platzierte man eine Reihe von Studenten in einem Theater. Hinter dem Vorhang machten unbekannte Leute bestimmte Aussagen. Die Studenten mussten jeweils angeben, ob die Aussage, die sie gehört hatten, wahr oder gelogen war. Das Erstaunliche war, dass die Studenten in den meisten Fällen richtig lagen.

Das Bibelwort aus Sprüche 28,13 ist wahr: »Wer seine Sünde leugnet, dem wird's nicht gelingen; wer sie aber bekennt und lässt, der wird Barmherzigkeit empfangen.« Es stimmt zwar, dass ein Bekenntnis sehr viel kosten kann, aber der Lohn ist weit größer als der Preis. Wir sollten bedenken: Es gibt Dinge im Leben, derer man gewiss sein kann. Dazu gehört, dass uns die Sünde, die wir nicht bekannt haben, finden wird. Sie findet sich in unserem Körper, in unserem Charakter, in unseren Kindern, in unserem Gewissen, in der Öffentlichkeit und beim Gericht Gottes.

Lügen werden in der Bibel eindeutig verurteilt. Christus beschreibt den Teufel als einen Lügner: »Wenn er die Lüge redet, so redet er von seinem Eignen; denn er ist ein Lügner und der Vater der Lüge.« (Joh 8,44) Durch ihre Lügen brachte die Schlange den Menschen im Paradies zu Fall. In der Offenbarung wird vorausgesagt, dass alle Lügner in den Feuersee geworfen werden (Off 21,8). Das Gebot lautet: »Du sollst nicht falsch Zeugnis reden wider deinen Nächsten.« (2Mo 20,16) Gott sagte zu Mose und den Israeliten ausdrücklich: »Ihr sollt nicht lügen« (3Mo 19,11). Der Apostel Paulus wiederholt diese Worte: »Belügt einander nicht« (Kol 3,9). Und: »Darum leget die Lüge ab und redet die Wahrheit, ein jeder mit seinem Nächsten« (Eph 4,25). In den Psalmen und Sprüchen wird das Lügen ausdrücklich verboten. Die Propheten warnen davor. Offensichtlich ist also das Lügen eine schwere Sünde.

Zur Lüge gehören aber auch Zweideutigkeiten, Über- und Untertreibungen, frisierte Darstellungen und bewusste Ungenauigkeiten. Lüge ist jede beabsichtigte Täuschung.

Eine Frau kam einmal zu Pastor Modersohn in die Sprechstunde. Sie sagte, sie wolle sich bekehren. Modersohn fragte: »Warum wollen Sie das? Haben Sie gesündigt?« »Nein«, sagte die Frau im Ton der Entrüstung, »ich bin immer eine ordentliche Frau gewesen!« »Eine Sünderin sind Sie nicht?« »Nein, was denken Sie von mir!« Darauf sagte Modersohn: »Wenn Sie keine Sünderin sind, brauchen Sie sich auch nicht zu bekehren.« Nachdem das Gespräch noch eine Zeit lang hin und her gegangen war, sagte er: »Ich will Ihnen einen guten Rat geben. Gehen Sie jetzt nach Hause und bitten Sie Gott: Herr, zeige mir mein Herz so, wie du es siehst. Aber bitte sagen Sie es Gott nicht nur mit den Lippen, sondern mit dem Herzen!«

Nach ein paar Tagen kam die Frau mit verweintem Gesicht wieder zu Modersohn. »Ach«, sagte sie, »ich habe Ihren Rat befolgt. Ich hätte nie gedacht, dass ich so schlecht bin. Was hat mir Gott nicht alles gezeigt! Mein ganzes Leben klagt mich an. Er hat mich an Sachen erinnert, die ich längst vergessen hatte. Glauben Sie wohl, dass Gott auch für mich noch Gnade hat?«

»Ja«, sagte Modersohn. Und nun zeigte er ihr in der Bibel die Verheißungen, die reuigen Sündern gegeben sind. Dann sagte er: »Vor ein paar Tagen konnte Jesus mit Ihnen nichts anfangen, denn er ist auf die Erde gekommen, um Sünder zu retten. Aber jetzt, nachdem Sie erkannt haben, dass Sie eine Sünderin sind, will er Ihr Heiland sein.«[85]

Wollen wir auch beten wie diese Frau? Der Erweckungsprediger J. Edwin Orr sagt: »Das Bekenntnis der Sünden ist ein sehr vernachlässigtes Gebiet in der christlichen Unterweisung. Aber in Zeiten der Erweckung geht es hauptsächlich darum. Dann wirkt der Heilige Geist besonders stark und überführt von Sünden. Dann hat ein rückfälliger Christ keine Ruhe, bis er seine Sünden bekennt.«[86] »Wenn wir aber unsere Sünden bekennen, so ist er treu und gerecht, dass er uns die Sünden vergibt und reinigt uns von aller Ungerechtigkeit.« (1Joh 1,9)

Der Mensch hat Vorrang

Der Umgang mit Menschen – ob es nun Kunden, Mitarbeiter, Lieferanten oder Behörden sind – steht über dem Produkt. Wir

85 - »Nur für Sünder«, in: *Die Wegbereiter*, Nr. 516, Nov. 2005.
86 - J. Edwin Orr: *Volle Hingabe*, 23. Oncken, 1965.

müssen daran denken, dass die Engel im Himmel mehr jubeln über die Rettung eines Menschen als über all den Profit, den wir in unserem gesamten Leben erzielen können. Es ist äußerst vorteilhaft, Gott als Partner zu haben, wenn es um den Umgang mit unseren Mitarbeitern geht. Das Gleiche trifft auch auf die Suche und Auswahl neuer Mitarbeiter zu.

Der christliche Manager Robert Greenleaf schreibt, dass ein Unternehmenslenker zuallererst ein Diener ist. »Es beginnt mit dem natürlichen Gefühl, dass man zuerst dienen möchte. Dann kommt man durch eine bewusste Entscheidung dazu, eine führende Rolle anzustreben. Der Unterschied wird an dem Bemühen des Dieners deutlich, zunächst dafür zu sorgen, dass die wichtigsten Bedürfnisse der anderen gestillt werden. Das können wir prüfen, indem wir uns fragen: Wachsen diejenigen, denen wir dienen, in ihrer Persönlichkeit? Werden sie, weil wir ihnen dienen, gesünder, freier, weiser, selbstständiger? Wächst in ihnen die Bereitschaft, ihrerseits Diener zu werden?«[87]

Ein dienender Geschäftsführer oder Unternehmensinhaber wird seine Mitarbeiter natürlich auch nicht mobben. Mobbing ist nicht nur menschenverachtend und unchristlich, sondern auch wirtschaftlich unklug. Dazu Marc-Wilhelm Kohfink, Chefredakteur des Newsletters *simplify management:* »Sie als Vorgesetzter und Ihre Mitarbeiter müssen noch mehr leisten, um im Wettbewerb zu bestehen. Kein Wunder, dass manchmal mit harten Bandagen gekämpft wird. Doch nichts behindert den Unternehmenserfolg mehr als eine Herrschaft des Schreckens mit Mobbing und ständiger Angst. Die Krankenrate und die Fluktuation steigen, die Loyalität der Mitarbeiter und die Produktivität sinken.«[88]

Um zu überprüfen, wie fair man führt, empfiehlt er einen »Fairness-Check«. Danach sollte man sich als Führungsperson die folgenden Fragen stellen:

87 - ROBERT K. GREENLEAF: *The Power of Servant Leadership*, 4. Zitiert in: *Adult Sabbath School Quarterly*, 14.6.2007.
88 - Newsletter vom 28.3.2007, *www.orgenda.de*.

1. Leben Sie als Vorgesetzter faire Führungswerte? Nicht immer ist es einfach, den richtigen Mittelweg zwischen Bevormundung der Mitarbeiter und dem Schleifenlassen der Zügel zu finden. Sicherlich arbeiten Sie viel und erwarten das auch von anderen. Halten Sie sich daher an folgenden Grundsatz: Institutionen, dazu zählen auch Unternehmen wie Ihres, sind für die Menschen da – nicht umgekehrt. Es ist nicht fair, dass Sie sich selbst und anderen permanent Höchstleistungen abverlangen, um den Betrieb vorwärtszubringen. Spielen Sie *Fair Play* statt *Power Play!* Sie wollen, dass Ihre Mitarbeiter Geld verdienen, doch nicht um jeden Preis.

2. Hat Ihr Verantwortungsbereich eine faire Struktur? Fair bedeutet, dass die Entscheidungswege transparent sind, dass jeder Mitarbeiter die Chance hat, die Abläufe nachzuvollziehen und seinen individuellen Beitrag zum Gesamterfolg zu leisten. Fair meint auch, dass jeder Mitarbeiter die Möglichkeit hat, seine Arbeit ordentlich zu machen und sich weiterzuentwickeln. Fair bedeutet nicht frei von Hierarchie, doch darf diese kein Selbstzweck sein. Unfair ist es, wenn die Hierarchie zu einer Unkultur von Schweigen und Frustration führt.

3. Ächten Sie unfaires Verhalten? Unfaire Attacken in Unternehmen scheinen in den vergangenen Jahren stark zugenommen zu haben. Unterbinden Sie diese sofort, wenn sie Ihnen bekannt werden! Machen Sie unmissverständlich klar, dass Bosheiten und Schikanen gegen Kollegen den Betriebsfrieden stören und zur Kündigung führen können. Ermutigen Sie Ihre Mitarbeiter, von derartigen Attacken zu berichten. Häufige Methoden sind zum Beispiel:

- *Dissen:* Andere systematisch herabsetzen, wenn sie eine andere Meinung äußern.
- *Mobben:* Kollegen aus egoistischen Motiven schikanieren, um sie letztlich zu vertreiben.
- *Bossing:* Unfaire Attacken von Vorgesetzten gegen Untergebene, die meist auf einer Charakterschwäche oder einer

neurotischen Eigenart beruhen. Hier stellt sich immer die Frage, ob eine solche Person überhaupt für eine Führungsposition geeignet ist.

- *Staffing:* Unfaire Attacken gegen einzelne Führungskräfte durch ihre Mitarbeiter mit dem Ziel, den Ruf dieser Führungskraft zu ruinieren und ihre Arbeit zu sabotieren.[89]

JUNGEN MENSCHEN EINE CHANCE GEBEN

Wir sollten auch die nachwachsende Generation nicht vergessen. Im *Chefletter* erschien kürzlich folgender Beitrag:

> Zwei Nachrichten haben mich diese Woche aufhorchen lassen: »In Deutschland werden die jungen Fachkräfte knapp« und »Die ›Generation Doof‹ drängt auf den Arbeitsmarkt«. Das ist – zugegeben – krass formuliert, doch Fakt ist: Das Finden von talentierten Nachwuchskräften wird nicht einfacher. Die Lösung: Sie stellen einen Praktikanten ein. Kandidaten gibt es genügend. Gerade Studenten haben ein großes Interesse an betrieblichen Praktika, da sie so ihre Chance auf einen regulären Arbeitsplatz erhöhen. Praktikanten haben viel zu bieten. Die Vorteile für Ihr Unternehmen:
>
> - Sie bekommen einen bezahlbaren Mitarbeiter.
> - Studentische Praktikanten haben oft ein großes theoretisches Wissen und sind damit auf dem neuesten Stand.
> - Praktikantenverträge können zeitlich und inhaltlich weitgehend den Bedürfnissen Ihres Unternehmens angepasst werden.
> - Praktikanten sind hochmotiviert, möchten gerne eigenständig arbeiten und können deshalb die ideale Unterstützung auf Zeit sein.
> - Wenn Sie Praktikanten kennen, fällt es Ihnen leichter, freie Stellen neu zu besetzen.

89 - Ebd.

Prüfen Sie, wofür Sie den Praktikanten brauchen, d. h.: Überlegen Sie, wo Ihr Praktikant eingesetzt werden und aus welchem Fachbereich er kommen soll (z. B. Grafik-Design, Informationstechnik, Vertrieb). Je genauer Ihre Kriterien sind, desto größer ist die Chance, einen passenden Bewerber zu finden.

Die einfachste Möglichkeit, einen Praktikanten zu finden, ist die über ein selbst geschaltetes Inserat in einer der branchenspezifischen Internetbörsen. Wahrscheinlich werden Sie viele Bewerbungen bekommen. Treffen Sie eine Vorauswahl nach den schriftlichen Unterlagen. Wichtig sind nicht nur Schulzeugnisse und Hochschulnoten, sondern auch Nebenbeschäftigungen und Hobbys. Wer schon früh Nebenjobs ausgeübt und soziales oder politisches Engagement bewiesen hat, ist sicher auch als Praktikant aktiv und neugierig.

Woran Sie engagierte Praktikanten erkennen: Nehmen Sie nicht jeden Praktikanten, sondern fragen Sie Bewerber, wie diese gerade auf Ihre Firma gekommen sind. Folgende Aussagen sprechen für ein helles Köpfchen:

- »Ich habe meine Kommilitonen und Bekannten gefragt, ob sie einen Betrieb kennen, der ein interessantes Praktikum anbietet, das mich bei meiner Berufsplanung weiterbringt.«
- »Ich habe mich selbst um ein Praktikum gekümmert. Im Telefonbuch nachgeschaut und im Internet gesurft. Ihre Firma hat mein Interesse geweckt.«

Bei Schülern, die von ihren Eltern oder Arbeitsamtbetreuern mit einem Praktikum »versorgt« wurden, ist hingegen Vorsicht angebracht.

So regeln Sie die Arbeitsdauer und -vergütung: Üblich sind ein bis sechs Monate. Sie können die Praktikumszeit auch auf mehrere Abschnitte verteilen. Die Vergütung liegt im Durchschnitt bei 800 bis 1000 Euro im Monat.

Beschreiben Sie die Aufgaben des Praktikanten möglichst genau. Am besten geeignet sind zeitlich und inhaltlich definierte Projekte. Formulierungsbeispiel: »Herr Martin Müller wird vom 1.5.2008 bis zum 31.8.2008 bei uns das Projekt *Entwicklung und Implementierung eines Kundenbindungsprogramms* betreuen. Dieses besteht aus den folgenden Einzelschritten ...«

Ideal ist es, das Projektkonzept bzw. die genaue Tätigkeitsbeschreibung dem Vertrag als Anhang beizufügen und gegebenenfalls zu ergänzen. Zeigt Ihr Praktikant gute Leistungen, dann loben Sie ihn. Führen Sie am Ende des Praktikums ein Gespräch mit ihm. Fragen Sie ihn, wie ihm das Praktikum gefallen hat. Hat Sie der junge Mensch überzeugt, dann sagen Sie ihm, dass er Sie überzeugt hat und Sie gerne auf seine Fähigkeiten zu einem späteren Zeitpunkt zurückgreifen wollen.[90]

ERFOLGSFAKTOR »ZUFRIEDENHEIT«

Auch dies ist interessant: In der *Süddeutschen Zeitung* stand kürzlich: »30 % des finanziellen Unternehmenserfolges hängen davon ab, ob die Beschäftigten zufrieden mit ihrer Arbeit sind.« Das Kölner Marktforschungsinstitut Psychonomics AG hat im Auftrag des Bundesarbeitsministeriums eine groß angelegte Studie darüber durchgeführt. Für die Untersuchung wurden von Wissenschaftlern 37 151 Beschäftigte in 314 Unternehmen über ihr Engagement und ihre Zufriedenheit befragt. »Unsere Untersuchung belegt erstmals weltweit, dass das Engagement der Beschäftigten den Erfolg eines Unternehmens signifikant beeinflusst.«[91]

90 - Newsletter vom 4.4.2008. Der *Chefletter* erscheint im Verlag für die Deutsche Wirtschaft und ist unter *www.orgenda.de/newsletter* kostenlos als E-Mail zu beziehen.

91 - »Stolz auf die Firma steigert den Gewinn«, in: *Süddeutsche Zeitung*, 28.12.2007.

Familienfreundlichkeit

Wenn ein Unternehmen in Zukunft qualifizierte Mitarbeiter gewinnen will, könnte die Familienfreundlichkeit zu einem entscheidenden Faktor werden. Zunehmend setzt sich in der deutschen Wirtschaft die Erkenntnis durch, dass eine familienbewusste Personalpolitik einem Unternehmen Wettbewerbsvorteile verschafft. Wissenschaftliche Arbeiten – etwa an der Universität Münster – haben gezeigt, dass bei entsprechenden Unternehmen die Fehlzeiten innerhalb eines Jahres um 34 % sanken, das Image um 13 % anstieg und die Rekrutierung von Fach- und Führungskräften um 10 % verbessert werden konnte.[92]

Schulden

Wenn dein Betrieb Schulden hat, dann tu alles, um sie abzubauen. Befreie dich von jeder Form der Abhängigkeit, außer gegenüber Gott. Spätestens seit der Banken- und Wirtschaftskrise wissen wir, wie sinnvoll dieses Prinzip ist.

Natürlich geht es nicht immer ohne Fremdkapital – etwa zur Zwischenfinanzierung. Besonders in der Baubranche bzw. in der Immobilienentwicklung ist es kaum möglich, auf die Zusammenarbeit mit einer Bank zu verzichten. Doch durch die Abhängigkeit von Banken können große Risiken entstehen. Vor ein paar Jahren gab es beispielsweise in Norddeutschland ein adventistisches Produktionsunternehmen. Da es für den Einkauf von Rohmaterial stets Bankdarlehen in Anspruch nehmen musste, ergab sich im Laufe der Zeit eine beträchtliche Abhängigkeit von einem örtlichen Geldinstitut. Die Folge dieser Abhängigkeit war schließlich, dass die Bank eine fremde Geschäftsführung für dieses Unternehmen bestimmte. Die Tatsache, dass der neue Geschäftsführer ein Freund des Bankers war, hinterließ bei den adventistischen Eigentümern einen schlechten Beigeschmack. Natürlich hatte der adventistische Eigentümer das Interesse an der Fortführung seines Unternehmens verloren. Er gab auf.

92 - Vgl. *CiW Wirtschaftsnachrichten*, 4.10.2007.

DER SABBAT

Ein adventistischer Unternehmer beachtet nicht nur persönlich und mit seiner Familie den Sabbat, sondern auch für seinen Betrieb. Das bewahrt ihn davor, sich an das Geschäft zu verlieren. Ferner ist der Sabbat ein Segen für uns persönlich, für die Familie, die Gemeinde und unsere Gesundheit. Dazu schrieb Ellen White: »Wenn möglich, sollten Arbeitgeber ihren Angestellten die Zeit von Freitagmittag bis zum Sabbatanfang freigeben, damit sie Zeit zur Vorbereitung haben und den Tag des Herrn in Ruhe und mit Sammlung willkommen heißen können. Wer so handelt, wird keinen Verlust erleiden, selbst nicht in irdischen Dingen.«[93]

WIRTSCHAFTLICHER AUFSCHWUNG DURCH TREUE IN DER SABBATFRAGE

»Es gibt drei Möglichkeiten«, sagte Werner Hönes Ende 2004 zu seinen zwölf Mitarbeitern. »Erstens: Wir machen weiter wie bisher und werden auch zukünftig auf der Messe ausstellen. Aber das halte ich für einen Fehler, da einige von uns dann sabbats arbeiten müssen, und ich will nicht denselben Fehler zweimal machen. Zweitens: Wir schließen unseren Messestand am Freitag vor Sonnenuntergang und öffnen ihn erst am Sonntagmorgen wieder. Aber dann müssen Sie unseren Kunden erklären, warum wir das tun. Drittens: Wir gehen als Firma überhaupt nicht mehr auf Messen.«

Vorausgegangen war eine wirtschaftlich schwere Zeit für die Ludwigsburger DATAreform Software und Organisationsmittel GmbH (*www.datareform.com*). Werner Hönes, geschäftsführender Gesellschafter des Unternehmens und seit 1991 Adventist, hatte zwar selbst treu den Sabbat gehalten und sich in der Gemeinde engagiert, doch er hatte es bis dahin seinen Mitarbeitern überlassen, ob sie seinem Vorbild folgten

93 - ELLEN WHITE: *Aus der Schatzkammer der Zeugnisse III*, 17.

oder nicht. Jetzt aber war das kleine Unternehmen – immerhin deutscher Marktführer bei Software für Reformhäuser und den Reformwaren-Großhandel – in eine Krise geraten. Also überlegte er, ob es irgendetwas gab, das Gott daran hindern könnte, ihn zu segnen. In dem Zusammenhang wurde ihm auch der ganze Wortlaut des vierten Gebots bewusst, in dem das Sabbatgebot sinngemäß auch auf eigene Kinder, Mitarbeiter und Gäste bezogen wird, also Personen, die in irgendeiner Weise von dem Gläubigen abhängig sind.

Für Werner Hönes und die DATAreform waren zwei bestimmte Fachmessen im Jahr von überlebenswichtiger Bedeutung. In beiden Fällen war der Samstag der wichtigste Tag, um Kundengespräche zu führen und neue Geschäftskontakte zu knüpfen. Obwohl nicht direkt von ihm verlangt, war es für Werner Hönes irgendwie ganz praktisch, dass einige seiner Mitarbeiter kein Problem damit hatten, am Sabbat Standdienst zu tun. Doch so sollte es jetzt nicht mehr weitergehen. Da er es gewohnt war, seine Mitarbeiter bei wichtigen Entscheidungen mit ins Boot zu holen, auch wenn nur einer von ihnen seinen Glauben teilte, hatte er ihnen jetzt diese drei Optionen vorgelegt.

Da keiner von ihnen bereit war, als Nichtadventist anderen Nichtadventisten den adventistischen Glauben zu erklären, entschieden sie sich im Dezember 2004 für die dritte der drei Optionen. Also erschien das Unternehmen fortan auf keiner Messe mehr. Bracheninsider schüttelten den Kopf, weil sie diese Entscheidung für ökonomischen Selbstmord hielten. Sie sagten den sicheren Bankrott voraus. Doch das Gegenteil trat ein. Schon im Januar 2005, also gleich nach der Entscheidung, verbesserte sich die Auftragslage deutlich – und das gegen die bisherige Entwicklung und gegen den Trend in der Branche. Unerwartet kamen immer neue Aufträge hinzu. Und das war auch kein kurzfristiges wirtschaftliches Strohfeuer. Die fast schon sensationelle Geschäftsentwicklung setzte sich das ganze Jahr über fort. Während die Konkurrenz allerorts jammerte, hatte die DATAreform noch nie ein so erfolgreiches Jahr.

Für Werner Hönes ist das ein klarer Beweis für den Segen Gottes. »Wenn wir treu sind, ist Gott auch treu und segnet uns«, erklärte er anlässlich eines Interviews gegenüber den *ASI NEWS* Anfang Februar 2006.

Geschäftlicher Erfolg nach Konsequenz in der Sabbatfrage

Wenn Rolex draufsteht, aber nicht Rolex »drin« ist, dann ist das ärgerlich für Rolex – und natürlich auch für den Käufer. Es kann dem Image des Unternehmens schaden und Arbeitsplätze kosten. Wenn aber ein Apotheker in Afrika einem Kunden ein Medikament verkauft, das laut Etikett von einem seriösen Pharma-Unternehmen kommt, in Wirklichkeit aber eine Raubkopie ist, dann kann das den Tod des Kunden bedeuten. Mittlerweile wird es selbst für Experten immer schwerer, das Original von seiner Fälschung zu unterscheiden. Der wirtschaftliche Schaden, der den Herstellern von Markenprodukten durch Plagiate entsteht, liegt weltweit bei 200 Milliarden Euro im Jahr. Der Verlust von Menschenleben ist dabei noch gar nicht mitgezählt.

Genau für dieses Problem will Dr. Mario T. Cameron aus der Adventgemeinde Mannheim jetzt Abhilfe schaffen. Seine Idee basiert auf einer Technologie, die an der Hochschule Mannheim entwickelt wurde. »Beim Bedrucken eines Trägermaterials entsteht ein mikroskopisch sichtbares, einzigartiges Muster, das mit einem Fingerabdruck vergleichbar ist«, erklärt Mario Cameron. Auf diese Weise kann die Fälschung – auch von Verbrauchern – schnell, eindeutig und kostengünstig entlarvt werden. Mario hat mit dieser Geschäftsidee Anfang September 2007 als einer von fünf Unternehmern den mit je 50 000 Euro dotierten Gründerwettbewerb der *Financial Times Deutschland* gewonnen.

Betrachtet man Marios Werdegang, scheint sein unternehmerischer Durchbruch kein Zufall zu sein. Vielmehr ist er das Ergebnis einer langfristigen, systematischen Planung. Bereits als

Schüler einer adventistischen Schule in Südamerika hatte der Chilene angefangen, darauf hinzuarbeiten. »Warum sind wir ein unterentwickeltes Land?«, hatte er sich schon damals gefragt. Irgendwie, so seine Überzeugung, musste es mit der Unfähigkeit zusammenhängen, Technologien selbst zu entwickeln. Deshalb studierte er später angewandte Mathematik und Physik und danach Elektro- und Informationstechnik. Als junger Ingenieur in einem Stahlkonzern erlebte er dann, wie man alle Schlüsseltechnologien aus den Industrieländern kaufte. Mario verstand nicht, warum nicht zumindest ein Teil davon in Chile entwickelt wurde. Alle seine Anregungen, dies zu tun, liefen jedoch ins Leere. Für ihn wurde immer klarer: Sein Land brauchte eigene Technologien und die Fähigkeit, diese zu nutzen. So entstand bei ihm die Idee einer Karriere im Technologiemanagement. Eines Tages sagte ihm ein älterer Kollege: »Junge, wenn du keine Fehler machst, bist du in zehn Jahren Bereichsleiter.« Doch eine Karriere, die vor allem darin bestehen sollte, abzuwarten und Fehler zu vermeiden, statt Risiken einzugehen, war das Letzte, was Mario wollte.

Eines Tages las er einen Aufsatz über industrielle Anwendungen der modernen Regelungstechnik. Mario war begeistert. Der Autor, Rolf Isermann von der TU Darmstadt, war einer der weltweit berühmtesten Professoren auf diesem Gebiet. Mario hatte davon geträumt, bei jemandem dieses Kalibers zu promovieren. Damit könnte man die technologische Seite des chilenischen Problems lösen, dachte er sich. »Aber wo soll ich das Management erlernen?« Ein Managementstudium an einer renommierten Wirtschaftsuniversität schien für Mario finanziell unerreichbar. Hinzu kam, dass Professor Isermann ihm für sein Promotionsvorhaben in Darmstadt zunächst eine Absage erteilte. Mario erfuhr jedoch, dass es in Deutschland bezahlte Promotionsstellen in der Industrie gibt. So reiste er nach Deutschland. Er wollte lernen, wie man Technologien entwickelt und damit Geschäfte macht.

Trotz vieler Hürden, zu denen auch das Erlernen der deutschen Sprache gehörte, setzte Mario seine Pläne um. Probleme waren für ihn dazu da, um gelöst zu werden. Er begann eine Karriere bei der ABB in Mannheim und promovierte schließlich im Jahr 1999 bei Prof. Isermann. Der schwedisch-schweizerische Technologiekonzern mit damals 270 000 Mitarbeitern hatte ihm die wirtschaftliche Basis für seine Promotion geboten. Über viele Jahre saß er jeden Abend – sabbats nach Sonnenuntergang, siehe Jesaja 58,13f – und sonntags an seiner Doktorarbeit. Im Konzern erkannte er jedoch bald, dass auch in Europa nicht alles Gold ist, was glänzt. »Mich störte, wie man am Markt vorbei entwickelte. Ich wollte es anders machen.« Und das tat er dann auch. Als Mario seine erste Führungsposition im Technologiemanagement bekam, wurde ihm klar: »Wenn ich etwas bewegen will, dann muss ich mehr wissen als nur, wie man Technologien entwickelt. Ich muss in der Lage sein, Vorstände zu überzeugen und Finanzmittel für meine Ideen zu bekommen.« Und noch etwas lernte Mario in diesen Jahren: Leistung ist nicht immer willkommen: Als er und sein Vorgesetzter eines Tages gemeinsam die Bewerbungsunterlagen für eine neu zu besetzende Position durchsahen, stießen sie auf einen exzellenten Kandidaten. Mario war begeistert. Doch sein Chef bremste ihn: »Der passt nicht zu uns. Der hat nur Einser. Der ist zu gut.« »An dem Tag«, so Mario, »wurde mir klar: Ich passe nicht zu diesem Vorgesetzten.«

Fortan suchte sich Mario seine Vorgesetzten selbst. Es waren brillante Köpfe, Männer mit Visionen, die alles tolerierten – nur keine Mittelmäßigkeit. Mario wollte wachsen. Und er wollte die ultimative Herausforderung. Unter einem Vorstand lernte er das Handwerk des Innovations-Managements, danach kamen Strategie, Sanierung, Unternehmenskauf. »Nach meiner Promotion hatte ich endlich Zeit, mich stärker um wirtschaftliche Themen zu kümmern.« So studierte er an der schweizerischen IMD schließlich doch noch Management. »Gibt es etwas, das Sie noch nie tun wollten?«, fragte ihn eines Tages sein Chef. »Ja, Antriebstechnik und Service!«, kam Marios schnelle Antwort. Einige Monate später bot man ihm eine weltweite Verantwortung ausgerechnet für den Service im Bereich Antriebstechnik an. Er akzeptierte.

Doch auch das war nur eine Übergangsstation in seiner Karriere. Inspiriert durch eine Reise ins kalifornische *Silicon Valley*, schrieb der Vorstand eines Tages einen Business-Plan-Wettbewerb aus. Es ging um eine Anschubfinanzierung von einer halben Million Euro, die zu gewinnen war. Unter 230 Bewerbern gehörte Mario gleich mit zwei Ideen zu den zwölf Finalisten, und am Ende war er einer der Gewinner. Jetzt durfte er selbst Unternehmer im Unternehmen sein. Zur Umsetzung seiner Idee durfte er sich unter den fünf weltbesten Unternehmensberatungen eine aussuchen. Nacheinander stellte er diesen seine Überlegungen vor. Vier der Beratungen waren begeistert und schwärmten von den Erfolgschancen im Markt. Eine Beratung dagegen war skeptisch: »Das wird so nicht funktionieren«, sagte einer ihrer Berater. Da wusste Mario, dass er seinen Sparringspartner gefunden hatte. Als notorischer Querdenker wollte er keine Jasager an seiner Seite.

Aber dann kam die Rezession. Alle Aktivitäten, die nicht zum Kerngeschäft des Konzerns gehörten, wurden gestoppt. Mario sollte eine neue Managementaufgabe übernehmen. »Das wollte ich aber nicht«, erzählt er. Die Konzernwelt mit ihren Chancen und Begrenztheiten kannte er ja schon. Andererseits wusste er: je kleiner ein Unternehmen, desto vielfältiger die Verantwortung des Firmenlenkers. »Wenn du deine Vision umsetzen willst, musst du Chef sein. Sonst hast du keine Chance. Visionen kann man nicht delegieren.« Und so übernahm Mario die Geschäftsführung eines kleinen Mittelständlers der industriellen Informationstechnik. Bei seinem Eintritt war das Unternehmen fast pleite. Es gelang Mario jedoch, innerhalb kurzer Zeit wieder schwarze Zahlen zu schreiben. Doch der Umgang mit der Eigentümerfamilie hatte seine besonderen Tücken, auf die er nicht vorbereitet war. So folgte eine schmerzhafte Trennung. Der logische Schluss war für ihn jetzt: Er musste selbst Unternehmer werden. Als erster Schritt dorthin wurde er zunächst Unternehmensberater.

Während all dieser Jahre war Mario ein treuer Adventist. Schon zu Beginn seines Studiums musste er seinen Glauben bezeugen, denn viele Lehrveranstaltungen und Prüfungen fanden am Sabbat statt. »Ich hatte mich jedoch entschieden, meiner Überzeugung treu zu bleiben. Und so habe ich mehrfach erlebt, wie Gott mir half. Ich bat Gott häufig um Weisheit«, erzählte er in einem Gespräch mit *BWgung*, dem Mitteilungsblatt der Baden-Württembergischen Vereinigung, im September 2007. Aber im Laufe der Jahre hatte die Gewohnheit zu einer gewissen Abkühlung seiner Glaubensbegeisterung geführt. Er ging zwar regelmäßig mit seiner Familie in den Gottesdienst, »doch in vielen wichtigen Entscheidungen fragte ich Gott nicht mehr um Rat.« Dann geschah eines Tages, was man als Selbstständiger am wenigsten gebrauchen kann: »Erst hatte ich einen Unfall, der mich praktisch lahmlegte, und kurz darauf wurde ich auch noch krank. Dennoch war ich mir sicher: Ich schaffe es allein. Gott war nicht aktiver Teil meiner Pläne.«

»Während dieser Zeit«, erzählt Mario, »kam meine Mutter aus den USA zu Besuch. Sie ist eine echte ›Profi-Beterin‹. Deshalb fragte sie mich auch gleich, ob ich schon wegen meiner Zukunft gebetet hätte. Ich wehrte ab: Gott habe schon genug Probleme, um die er sich kümmern müsse. Da wollte ich nicht auch noch mit meinen Sorgen kommen. Für mich hatte Gott Züge eines Konzernchefs angenommen: Ich glaubte, er kümmere sich nur um die großen Probleme und nicht um die kleinen Alltagssorgen seiner Kinder. Doch meine Mutter ließ nicht locker. Sie betete für mich und brachte auch mich zum Beten. Viel mehr konnte ich in dieser Phase ohnehin nicht tun.«

Mario hatte nicht mit der Güte Gottes gerechnet: Innerhalb von zwei Tagen riefen zwei neue Klienten bei ihm an: Patrick Lagarde, Vizepräsident des französischen Schneider Electric-Konzerns, und Bernd Kappler, Inhaber der thüringischen BEAK. Spielte es eine Rolle, dass beide Adventisten sind? »Man sollte nie die Power einer betenden Mutter unterschätzen«, kommentiert Mario. »Gott hatte die Notbremse gezogen und dann mein Gebet erhört. Daraufhin bat ich ihn, von nun an die Führung in meinem Leben zu übernehmen. Das fiel mir nicht leicht. Schon vier Wochen später hatte ich ausreichend Beratungsaufträge. Doch eigentlich wollte ich ja nicht Berater sein. So schloss ich mit Gott ein Abkommen. Ich sagte: ›Herr, wenn du willst, dass ich auf diesem Weg weitergehe und Berater bleibe, dann lass die Kunden zu mir kommen.‹ Mir war klar, dass das ziemlich unwahrscheinlich war. Doch nach ein paar Monaten hatte ich mehr Aufträge, als ich bewältigen konnte.« Marios Geschäftsprinzip: Er verlangte meist kein Honorar, sondern nur eine Beteiligung an dem Gewinn seiner unternehmerischen Maßnahmen oder Geschäftsanteile an den beratenen Unternehmen.

»Leider dauerte es nicht lange«, erzählt er weiter, »und ich war wieder der Alte. Ich hatte wieder das Steuer meines Lebens in die Hand genommen. In dieser Phase hatte ich dann einen zweiten Unfall. Ich stürzte mit dem Fahrrad und zog mir einen dreifachen Beinbruch zu. Nach drei Wochen Bettruhe verbot mir der Arzt, mein Bein die folgenden acht Wochen zu belasten. Als ich über meine Misere nachdachte, wurde mir klar: Ich hatte an jenem Morgen nicht gebetet. Ich wollte wieder alles selber machen. Genau an der Stelle entschloss ich mich nun endgültig, meinen Widerstand gegen Gott aufzugeben. Heute weiß ich: Gott gibt mir, was er will, und er kann mir alles wieder nehmen. Ich werde mich nicht beklagen. Ich bin nur sein Verwalter.«

Obwohl er auch im Rollstuhl seine Kunden in Europa besuchte, hatte Mario durch den Beinbruch Gelegenheit, sich auch um die Entwicklungsarbeiten seines Mannheimer Freundes und Glaubensbruders Slavi Bonev zu kümmern. Slavi, ein Bulgare, arbeitete unter Professor Bernhard Wirnitzer an einem Projekt über Sicherheitsdokumente. Dies war jedoch zum Stillstand gekommen, weil es keine Investoren für die wirtschaftliche Nutzung gab. »Ich war mir zunächst auch nicht sicher, ob die Idee erfolgreich sein würde.« Gleichzeitig wuchs Marios Beratungsgeschäft weiter. Inzwischen betreute er Klienten auf drei Kontinenten – alles junge, wachstumsstarke Technologieunternehmen. Eines Tages nahm er als Technologie-Experte an einer Veranstaltung für Investoren teil. »Alle Projekte kamen aus erstklassigen europäischen Forschungseinrichtungen. An diesem Tag wurde mir klar, dass die Erfindung von Prof. Wirnitzer und Slavi ein größeres

Potenzial hatte, als alle dort vorgestellten Projekte.« Und so setzte er sich mit Slavi und dessen Professor zusammen und vereinbarte per Handschlag die Gründung einer Firma zur Weiterentwicklung und Vermarktung einer innovativen Plagiatentlarvungs-Technik.

Es war in dieser Phase, dass einer von Marios Söhnen im Fernsehen von dem erwähnten Gründerwettbewerb der *Financial Times Deutschland* erfuhr und seinen Vater darauf aufmerksam machte. Mario bewarb sich im April 2007 als einer von 673 Jungunternehmern. Dafür musste u. a. auch ein Business-Plan entworfen werden. Doch die Zeit wurde knapp. Der Einsendeschluss war an einem Sabbat um Mitternacht.

Der betreffende Sabbat kam, und Mario musste noch den Geschäftsplan fertigschreiben. »Ich werde eine Ausnahme machen und schon um 18 Uhr, also vor Sabbatschluss, mit der Arbeit beginnen«, sagte er sich. Als er dann aber vormittags in den Gottesdienst ging, erzählte einer der Gemeindeleiter von einer Sabbaterfahrung. Darauf folgten spontan weitere Erfahrungsberichte von anderen Gemeindegliedern. Sie alle berichteten davon, wie Gott Treue in der Sabbatfrage belohnt. Dadurch erinnerte Mario sich an seine eigenen Sabbaterfahrungen aus früheren Jahren und verstand die Botschaft, die Gott ihm hier offenbar gab. So fasste er den Entschluss, ohne Rücksicht auf Verluste nun doch die Sabbatruhe konsequent einzuhalten und erst danach den Geschäftsplan fertigzustellen. Er legte die Bewerbung für den Gründerpreis in Gottes Hand. Und da lag sie offenbar gut. Als er dann unter den Finalisten war, bat er Gott, dass er dann nicht gewinnen möge, wenn sich dies auf ihn oder sein Unternehmen negativ auswirken würde. Doch am Ende war er der erste Gewinner. »Zum ersten Mal habe ich nun das Gefühl«, erklärt Mario, »dass alles einen Sinn hat. Ich weiß jetzt, dass ich mich auch in geschäftlichen Dingen auf Gott verlassen kann.«

Nachzutragen ist noch, dass Mario seit Sommer 2007 zusammen mit der Fraunhofer-Gesellschaft im Rahmen des Assoziierungsvertrages Chiles mit der EU auch die chilenische Regierung im Bereich Innovationspolitik berät.

FLEISS

Fleiß ist einer der Schlüssel zu Wohlstand und Erfolg. Die Tatsache, dass Gott uns als gläubige Unternehmer und Geschäftsleute segnet, heißt nicht, dass wir wirtschaftlichen Erfolg erzielen können, ohne uns dafür anzustrengen. Im *Prosperity Gospel*, dem Wohlstands-Evangelium einiger fundamentalistischer Fernsehprediger in den USA, scheint dies zwar verkündet zu werden, doch das ist eine trügerische Botschaft. Seit dem Sündenfall ist der Erwerb unseres Lebensunterhalts mit »Mühsal« verbunden.[94] Aus eigener Erfahrung wissen wir: »Lässige Hand macht arm; aber der Fleißigen Hand macht reich.« (Spr 10,4)

BETRIEBLICHE ETHIK

Mancher sähe es gerne, wenn Gott für jede Situation eine Einzelanweisung gegeben hätte. Obwohl es auch manche Detailanweisungen gibt, arbeitet der Herr vielfach mit Grundsätzen. Er möchte, dass wir die Anwendung dieser Grundsätze in bestimmten Situationen mit ihm besprechen. Auf diese Weise entwickeln und unterhalten wir eine enge persönliche Beziehung mit Gott. Wenn wir nur lauter Einzelanweisungen befolgten, gäbe es vermutlich keine Entwicklung einer persönlichen Beziehung – oder sie wäre zumindest recht schwach. Gerade die intelligente Anwendung bestimmter göttlich-biblischer Prinzipien in konkreten Situationen zeigt unsere Ethik.

Über die praktische und wirtschaftliche Bedeutung der Ethik gab es kürzlich einen bemerkenswerten Artikel in den *CiW Wirtschaftsnachrichten*. Sein Titel: »Wird China durch Protestantismus zur Weltmacht?«

> Dass China die Weltmacht des 21. Jahrhunderts werden könnte, hat in erster Linie mit der rapiden Zunahme des christlichen Glaubens protestantischer Prägung zu tun.

94 - Vgl. 1Mo 3,17.

Diese Überzeugung äußerte einem Bericht des Nachrichtenmagazins *ideaSpektrum* (Ausgabe 43/2006) zufolge der chinesische Biophysiker und Christ Prof. Chang Lin Zhang (Hangzhou) auf einem Symposium des christlichen Netzwerks »Professorenforum« in Eschborn.

Nichts treibe die wirtschaftliche Entwicklung eines Landes stärker voran, als der reformatorische Glaube, so Zhang. Bereits jeder zehnte Chinese sei Christ, also insgesamt über 100 Millionen Einwohner. Diese Glaubenskraft habe in den letzten Jahrhunderten Großbritannien und die USA stark gemacht, aber auch die wirtschaftliche Entwicklung von Ländern wie der Schweiz erheblich beeinflusst. Dort hätten die von den Reformatoren Zwingli und Calvin geförderten Tugenden Ehrlichkeit, Fleiß und Genügsamkeit zu einer florierenden Uhrenindustrie und dem Bankgewerbe geführt. »Die chinesische Regierung lernt zu begreifen, dass sie das Christentum nicht überwinden kann«, zitiert das Magazin den Biophysiker.[95]

Christliche Werte als erprobte Geschäftsgrundlage

Der adventistische Unternehmensgründer Robert Ponta, Klagenfurt, schreibt über seine Werte und Grundsätze als Unternehmer:

> Die Grundlage meines Erfolges liegt in meiner Gottesbeziehung. Alle meine Entscheidungen basieren auf der Grundlage biblischer Werte, besonders auf den Zehn Geboten. Aber ich beachte auch die gesamte übrige Heilige Schrift in ihrem Kontext. Ich wünsche mir als Investor einen Partner, der diese Tatsache nicht nur akzeptiert, sondern wohlwollend bejaht. Zu meinen Werten und Prinzipien zähle ich:

95 - *CiW Wirtschaftsnachrichten*, 27.10.2006.

1. Ehrlichkeit und Integrität. Wahrheit und Ehrlichkeit sind keine dehn- oder biegbaren Begriffe, sondern unumstößliche Grundsätze. Das bedeutet, dass ich die Wahrheit sage, auch wenn es mir womöglich einen wirtschaftlichen Nachteil bringt. Selbst sogenannte kleine Notlügen sind per Definition ausgeschlossen. Diese Gesinnung findet sich auch insofern in meinen Werbeaktivitäten wieder, als dass ich keine unwahren oder übertriebenen Behauptungen über meine Produkte und Leistungen verbreite. Mein Ziel ist es, für meine Kunden und Geschäftspartner ein ehrlicher, zuverlässiger und glaubwürdiger Partner zu sein.

2. Treue gegenüber dem Staat, kompromisslose Treue gegenüber Gott. Die Bibel fordert uns auf, die Obrigkeit zu ehren und ihr zu geben, was ihr geschuldet wird. Daher ist für mich nur ein geradliniges, gesetzestreues Vorgehen akzeptabel – in jeder Hinsicht. Dabei stehen für mich allerdings göttliche Anweisungen immer über menschlichen Anweisungen. Sollte es in der Zukunft Gesetze geben, die im Widerspruch zum Wort Gottes stehen, so gilt meine erste Treue Gott.

3. Mitarbeiter. Ich biete meinen Mitarbeitern Wertschätzung und einen – soweit ich darauf Einfluss habe – sicheren Arbeitsplatz, an dem sie Ihre Potenziale bestmöglich entfalten können. Ich stelle mich entschieden gegen jede Form von Vereinnahmung und Machtmissbrauch. Meine Priorität ist eindeutig »Menschen vor Produkten und vor Gewinnen«. Deshalb wird es in meinem Unternehmen keine Entlassung geben, die nur darauf abzielt, den Unternehmensgewinn zu steigern.

4. Der Ruhetag. Als bibelgläubiger Christ betrachte ich die Zehn Gebote als verbindlich. Im Sabbatgebot wird eindeutig festgelegt, dass am Sabbat weder durch mich noch durch die Menschen, die wirtschaftlich von mir abhängig sind, Arbeit erledigt werden soll. Deshalb wird in meinem Unternehmen der biblische Sabbat als Ruhetag strikt und ohne Ausnahme eingehalten. Es ist keinem Mitarbeiter in meinem Unternehmen gestattet, am Samstag zu arbeiten.

5. Hochwertige Produkte. Meine Produkte zeichnen sich durch Nützlichkeit und Qualität aus. Es widerstrebt mir, Produkte zu schaffen, die ausschließlich dazu dienen, »schnell Geld zu machen«. Ich bin davon überzeugt, dass sich hochwertige, nützliche und zuverlässige Produkte länger am Markt behaupten.

6. Mitbewerber und Fairness. Ich glaube an Win-win-Situationen. Das heißt u. a.: Ich bin immer zuerst auf der Suche nach einer friedlichen Koexistenz und versuche, Streit zu vermeiden. Das Gebot »Du sollst nicht töten« verstehe ich auch im wirtschaftlichen Sinne. Deshalb werde ich eine mögliche Marktmacht nicht dazu benutzen, absichtlich Mitbewerber zu schädigen. Auch die Informationsgewinnung über Mitbewerber erfolgt mit lauteren und fairen Mitteln.

7. Gewinne und gesellschaftliche Verantwortung. Ein nach christlichen Werten geführtes Unternehmen ist selbstverständlich ein gewinnorientiertes Unternehmen. Jedoch sehe ich den primären Zweck meines Unternehmens nicht darin, mich zum Millionär zu machen, sondern Nutzen zu stiften und Verantwortung in der Gesellschaft wahrzunehmen – und das nicht nur als PR-Strategie. Deshalb werden mindestens 10 % des Gewinns ab Eintreten einer Gewinnsituation für wohltätige Zwecke verwendet.

8. Wachstum. Wachstum ist ein Zeichen von Gesundheit und Lebenskraft. Ich bin aber überzeugt, dass schnell erzielte Gewinne auch schnell wieder verloren gehen. Deshalb strebe ich mit meinem Unternehmen ein gemäßigtes und kontrolliertes Wachstum an. Ziel und Ausrichtung des Unternehmens – meine persönliche Vision – lautet: »Die Zukunft der Gesellschaft hängt von ihren Kindern ab.« Die meisten Elternhäuser und Schulen kommen dem Erziehungsauftrag nicht im vollumfänglichen Maße nach. Die Welt hat an Werten abgenommen, und es fehlt an Schulen, die diese wesentlichen Grundsätze des Zusammenlebens lehren. Deshalb verfolge ich mit den Gewinnen dieses Unternehmens mittelfristig das Ziel, christliche Privatschulen (Grund- oder Volks- und Hauptschulen) zu gründen und zu unterhalten sowie bestehende zu unterstützen. Ich bin zutiefst von der Notwendigkeit dieser Schulen überzeugt und habe eine große Passion für entsprechende Projekte.

Die Toyota-Philosophie

In seinem Buch *Phänomen Toyota: Erfolgsfaktor Ethik* aus dem Jahr 2006 legt der Autor Helmut Becker auf rund 40 Seiten dar, dass der Erfolg von Toyota auf der protestantischen Ethik, auch »preußische Tugenden« genannt, beruht. Auf der Rückseite des Buches steht:

> Im Jahr 1936 baute Toyota sein erstes Auto. 2004 war Toyota mit einem Börsenwert von ca. 120 Milliarden Dollar das höchstbewertete Automobilunternehmen der Welt – dies entspricht dem Wert der gesamten deutschen Automobilindustrie (BMW, Daimler, Porsche, VW) – mit der höchsten Produktivität und dem höchsten Gewinn. Toyota wird in zahlreichen Reports als die ›most admired company‹ [das meistbewunderte Unternehmen] aufgeführt. Diese beispiellose Entwicklung wirft Fragen auf: Warum ist Toyota so erfolgreich? Was macht Toyota anders als andere Automobilunternehmen? Der Autor, selbst viele Jahre in der Automobilindustrie tätig, argumentiert überzeugend, dass der Erfolg von Toyota in der Unternehmenskultur begründet ist. »Eine konsequente Beachtung ethischer Normen, die man hierzulande als preußische Tugenden bezeichnen würde, ist Schlüssel zum phänomenalen Erfolg Toyotas …«

Die Kernpunkte der Toyota-Unternehmensethik sind (Zitat Becker):

- Fleiß und Sparsamkeit
- Disziplin und Gehorsam
- Bescheidenheit und Genügsamkeit
- Selbstvertrauen und Mut
- Geduld und Beharrlichkeit
- Respekt und Achtung vor Menschen und materiellen Ressourcen
- Kreativität und Verantwortung
- Vertrauen und Ehrlichkeit

> … All das mag in modernen westlichen Industriegesellschaften als altmodisch gelten. So schmerzlich die Erkenntnis für die Vertreter dieser aufgeklärten Gesellschaften auch sein mag, steht doch unumstößlich fest, dass gerade dieses altväterliche Wertegerüst die ethische Grundlage bildet, auf der der langjährige Aufstieg von Toyota beruht. Und vor allem ist wichtig, dass dieses Ethik-Gerüst von Toyota homogen und über die Zeitläufe hinweg stabil geblieben ist. Was die Altvorderen gedacht und für richtig gehalten haben, wurde von den Jungen übernommen und allenfalls durch eigene Persönlichkeitsmerkmale angereichert. Keine Werte der Altvorderen wurden aufgegeben, sondern jeweils von Generation zu Generation weitergegeben, wobei je nach den äußeren Rahmenbedingungen lediglich die Schwerpunkte differenziert gesetzt wurden.[96]

Toyota ist ein Unternehmen, das im Sinne der Werteskala deutlich auf Stufe 4 der oben dargestellten »Wertepyramide« arbeitet. Daher stammt der große Erfolg. Wir sehen hier, dass eine Orientierung an biblischen Prinzipien immer wertvoll ist, und zwar selbst dann, wenn sich die Betreffenden dieses Hintergrunds gar nicht bewusst sind. Dabei spielt es auch keine Rolle, ob die Entscheider gläubig oder ungläubig sind. Es ist die Folge

96 - HELMUT BECKER: *Phänomen Toyota: Erfolgsfaktor Ethik* (2006), 126f.

des Handelns nach den Grundordnungen Gottes. Wir könnten es auch den »natürlichen Segen« nennen, den alle Menschen erhalten. »Denn er lässt seine Sonne aufgehen über die Bösen und über die Guten und lässt regnen über Gerechte und Ungerechte.« (Mt 5,45)

Bei einem ProJesus-Unternehmen, das sich an Stufe 5 der »Wertepyramide«, also an Ewigkeitswerten orientiert, kommt noch der »besondere Segen« Gottes hinzu. Das bezieht sich etwa auf Gebetserhörungen und ein direktes Eingreifen Gottes. Bei einem solchen Unternehmen ist ja ein Eigentümerwechsel eingetreten. Nicht mehr wir sind die Eigentümer, sondern der allmächtige und allwissende Gott. Er ist in der Lage, erheblich besser für sein Unternehmen zu sorgen, als wir es selbst können. Das bedeutet, dass wir bei einem solchen Unternehmen mit dem übernatürlichen Eingreifen Gottes rechnen dürfen. Es geht hier um den »göttlichen Segen«, den der Herr seinen Kindern verheißen hat. »Denn du, Herr, segnest die Gerechten, du deckest sie mit Gnade wie mit einem Schild.« (Ps 5,13)[97] Daraus ergibt sich: Der gläubige Unternehmer, der sich mit allem, was er ist und hat, dem Herrn geweiht hat und damit anerkennt, dass nicht er, sondern Gott der Eigentümer seines Unternehmens ist, hat anderen Unternehmen gegenüber, die diese Sicht nicht vertreten, einen deutlichen Vorteil.

Biblische Anweisungen für die Unternehmensführung

Theodore D. Weinshall, Professor für Betriebswirtschaft an der Universität Tel Aviv, entdeckte, dass 2. Mose 18 eine hervorragende Anleitung für eine kluge Betriebsführung ist. Er sagt: Auch heutige Unternehmensberater könnten nichts Besseres empfehlen, als das, was Jethro vor über 3 000 Jahren seinem Schwiegersohn Mose riet.

97 - Vgl. auch die Erfahrung von Josef in Ägypten in 1. Mose 39.

Larry Burkett, Gründer und Leiter der größten christlichen Unternehmensberatung mit 3000 Beratern, schlägt in dieselbe Kerbe. In seinem Buch *Management auf biblischer Grundlage: Erfolgsstrategien aus dem Buch der Bücher* (2003) schrieb er: »Nachdem ich ... die Business-Schule absolviert hatte, habe ich noch ein anderes Lehrbuch studiert – die Bibel.« Seine Überzeugung: Wer sich nach dem Wort Gottes richtet, hat die beste Grundlage für sein Leben und sein Geschäft.

Der Solinger Steuerberater Marcus Junga führt gemeinsam mit seiner Frau eine erfolgreiche Kanzlei mit 28 Mitarbeitern. Er hat noch ein weiteres Unternehmen und ist gerade dabei, ein drittes zu gründen. Er sagt: »Die Bibel ist ein Handbuch für Sieger.« »Der eloquente und sympathische Unternehmer hat große Freude daran, seine Gesprächspartner mit Bibelzitaten und unternehmensnaher Auslegung zu verblüffen.«[98]

Aufschwung durch die Befolgung göttlicher Grundsätze

Diese Erfahrung machte auch ein nichtadventistischer Geschäftsmann in Rumänien. Im Jahr 2000 hatte die Kirchenleitung in Rumänien Bibel-Leseklubs gegründet, und zwar unter dem Namen »*Sola Scriptura*« (Allein die Schrift). Sie waren zunächst in den 20 adventistischen Buchhandlungen mit untergebracht, die unter demselben Namen betrieben wurden. Die Erfolge waren bescheiden. Das änderte sich allerdings plötzlich. Auf dem *Sola Scriptura*-Bankkonto ging eine anonyme Spende über 60 000 Euro ein. Sie war für Werbung bestimmt. Der Geber meldete sich etwas später. Als man sich bei ihm bedanken wollte, sagte er: »Ich bin nicht gekommen, damit Sie mir danken. Ich glaube sogar, ich kann noch mehr für Sie tun.« Es stellte sich heraus, dass er ein nichtadventistischer Geschäftsmann war, dem ein Adventist zwei Jahre zuvor

98 - *Impulse*, Jan. 2009.

in Konstanza auf der Straße einen Gutschein für einen *Sola Scriptura*-Bibelkurs gegeben hatte. Er sagte: »Ich kaufte mir Bücher im *Sola Scriptura*-Buchladen. Ich lernte zu beten. Alles, was ich lernte, wandte ich dann in meinem Unternehmen an. Das hatte großen Einfluss auf meine Geschäftsentwicklung, und das nur, weil ich lernte, Gottes Grundsätze umzusetzen. Ich denke, es war höchste Zeit, dass ich etwas unternehme, um Gott zu danken. Meine Spende ist nichts im Vergleich zu dem, was er für mich getan hat.« Er erklärte, dass er der Inhaber und Geschäftsführer eines Unternehmens für elektronische Leuchttafeln sei. Er sei mit 60 % Marktanteil bei der Außenwerbung in Rumänien die Nr. 1 in dieser Branche.

Inzwischen wirbt er auf 148 elektronischen Werbetafeln dieser Art, und zwar jeweils an hochfrequentierten Plätzen in Bukarest, Konstanza, Timisoara und Brasov. Auf seinen fernsehähnlichen Werbeträgern konnte man jetzt eine besondere Werbebotschaft sehen. In ihr erscheint ein Mann in der rumänischen Nationalbibliothek. In Gedanken versunken sagt er: »Es nützt nichts, wenn man lesen kann, solange man nicht die Bibel gelesen hat.« Dann erscheint: »www.solascriptura.ro. Ein Programm zum Lesen der Bibel.«

Seit diese Botschaft über die Leuchttafeln läuft, hat sich die Zahl der Besucher auf der Website von *Sola Scriptura* verdoppelt. Allein im Juli 2007 waren es 5383 Besucher. Fast 300 davon meldeten sich bei den örtlichen Bibel-Leseklubs an. Zu den Treffen kommen in der Regel 30 – 50 Leute. An den meisten Orten finden wöchentlich mehrere Treffen im Abstand von 14 Tagen statt. Die Teilnehmer stellen an den Leseabenden Fragen. Am Schluss des Kurses wollen sie meistens wissen: »Wie geht es weiter?« Dafür gibt es einen zweiten Lesekurs, der sich mit prophetischen Themen aus Jesaja, Daniel und Offenbarung befasst. Die Teilnehmer kommen aus allen Bevölkerungsschichten; selbst Universitätsprofessoren und ein Senator nehmen teil.[99]

99 - *Adventist News Network* (ANN), Nov. 2007.

Deutsche Politiker entdecken Wert der christlichen Ethik für die Wirtschaft

Auch deutsche Politiker scheinen den Wert der christlichen Ethik für die Wirtschaft neu zu entdecken. Denn: »Keinen Erfolg verspricht sich Bundespräsident Horst Köhler von schärferen gesetzlichen Regelungen zur Unternehmensführung. In seiner Rede anlässlich der Verleihung des Max-Weber-Preises für Wirtschaftsethik ... in Berlin betonte er insbesondere die persönliche Verantwortung jedes einzelnen Managers. ›Im Grunde wären viele Selbstverpflichtungen und gesetzliche Regelungen überflüssig, wenn jeder sich so vertrauenswürdig verhielte, wie es dem Leitbild des ehrbaren Kaufmanns entspricht. Dieser zeichnet sich durch grundlegende Tugenden aus wie Ehrlichkeit, Vorsicht, die Wahrung von Geschäftsgeheimnissen, Wagemut im richtigen Moment, Friedensliebe, Ernsthaftigkeit, Höflichkeit, Klugheit, Ordnung und eine gute Erziehung – also eine Erziehung, die nicht nur Wissen vermittelt, sondern auch Werte‹, so Köhler.«[100]

Donna J. Habenicht, emeritierte Professorin für Erziehungspsychologie an der Pädagogischen Fakultät der adventistischen Andrews-Universität in Berrien Springs (USA), sagt:

> Werte sind deshalb so wichtig, weil sie eine Grundlage für Entscheidungen und Handlungsweisen bieten. Werte spielen eine zentrale Rolle im Leben. Werte bestimmen, wer ich bin. Sie bilden meinen Charakter, meine wahre Persönlichkeit. Sie drücken sich in meinem Handeln und Verhalten aus.
>
> Ein starkes christliches Wertesystem ist für unsere Kinder ihr ganzes Leben hindurch von unschätzbarem Wert. Es wird ihre Entscheidungen in schwierigen Situationen erleichtern, den Weg zur Rechtschaffenheit weisen und die Seele mit Gott im Einklang halten. Werte vermitteln eine Vorstellung vom Sinn des Lebens. Sie bestimmen die Mittel und den

100 - *CiW Wirtschaftsnachrichten*, 27.5.2008.

Zweck unserer Taten. Sie sind die Maßstäbe für unser Verhalten. Sie sind innere Qualitäten. In jedem Lebensbereich spielen sie eine Rolle.

Ohne einwandfreie Werte und Überzeugungen wissen Kinder nicht, was sie glauben sollen und wer sie sind. Darunter leidet ihr Selbstbild. Wenn Kindern solide christliche Werte vermittelt wurden, fühlen sie sich geliebt, angenommen und sicher; sie treffen verantwortungsvolle Entscheidungen und finden Zustimmung in ihrer Familie und der Gesellschaft. Ihre Selbstachtung entfaltet sich.[101]

Der bekannte christliche Unternehmensberater Larry Burkett betrachtet den folgenden Text als die Grundaussage der Bibel über Geschäftsethik: »Alles nun, was ihr wollt, dass euch die Leute tun sollen, das tut ihnen auch! Das ist das Gesetz und die Propheten« (Mt 7,12). Er sagt: »Das Prinzip ist: Behandle in einer gegebenen Situation die Menschen so, wie du von ihnen in der gleichen Situation behandelt werden möchtest.« (Unter Christen wird dieser Text die »Goldene Regel« genannt.)

Mit Blick auf die Extrameile, von der Jesus in der Bergpredigt spricht (Mt 5,41), kommt er zu folgender Schlussfolgerung: »Jeder erwartet von uns, dass wir tun, was von uns verlangt wird. Aber erst wenn wir *mehr* tun als erwartet, merken die Menschen, dass wir uns von anderen Geschäftsleuten unterscheiden. Und wenn die Menschen erkennen, dass wir in manchen Punkten anders sind, fangen sie an, nach dem *Warum* zu fragen. Dann bekommen wir die Gelegenheit, ihnen zu sagen, dass wir unser Geschäft nach biblischen Grundsätzen betreiben«.[102]

101 - Donna J. Habenicht: *Wie man Kindern Werte vermittelt*, 15.
102 - Myron Rush: *Erfolg im Unternehmen: Der biblische Weg* (1990), 92-94.

11. Der Segen einer betrieblichen Gesundheits-förderung

Ein Thema von vitaler Bedeutung

Das Thema »Betriebliche Gesundheitsförderung« gewinnt in der Öffentlichkeit immer stärker an Gewicht: Grundlage sind die *Ottawa-Charta der Weltgesundheitsorganisation* (WHO) und die *Luxemburger Deklaration zur betrieblichen Gesundheitsförderung in der Europäischen Union* (1997). Der Verband der Betriebskrankenkassen in Deutschland (BKK) schreibt: »Phänomene wie Stress, Mobbing und Burnout werden weiterhin an Bedeutung gewinnen. Allein der Anteil der psychischen Erkrankungen an den Krankheitstagen hat sich laut Krankenarten-Statistik des BKK-Bundesverbandes 2002 in den letzten 20 Jahren … verdreifacht.«[103]

Hier können natürlich gerade adventistische Unternehmer einen besonderen Beitrag leisten. Gesundheitsförderung ist ein Bereich, in dem Siebenten-Tags-Adventisten großes Wissen und große Erfahrung haben. Diese Qualitäten gilt es nun im Rahmen der betrieblichen Gesundheitsförderung zum Segen des

103 - *Auf dem Weg zum gesunden Unternehmen*, 7. Es handelt sich hierbei um eine kostenlose Broschüre des BKK-Verbands.

Unternehmens und der Mitarbeiter einzusetzen. Wir haben nicht nur ein besonderes Wissen in Bezug auf Gesundheitsfragen, das wir an unsere Mitarbeiter weitergeben können, sondern werden aufgrund unserer praktizierten Nächstenliebe auch faire Arbeitsbedingungen schaffen und einen entsprechenden Umgangston pflegen. Darüber hinaus bietet der biblische Glaube gerade im Bezug auf psychische Probleme nachweislich eine große Hilfe. Ellen White hat viel zu diesem Thema geschrieben.[104]

Warum betriebliche Gesundheitsförderung?

Man kann jetzt natürlich grundsätzlich fragen: Warum sollte sich ein Unternehmen überhaupt um dieses teure Thema kümmern? Sollte man das nicht lieber der Privatinitiative des Einzelnen überlassen und nur das vom Gesetzgeber geforderte Minimum tun? Die Antwort ist einfach: Die betriebliche Gesundheitsförderung leistet einen entscheidenden Beitrag zur Erreichung der Unternehmensziele und sichert und verbessert damit die Wettbewerbsfähigkeit auf immer anspruchsvolleren und unsichereren Märkten. Die Erfolge der betrieblichen Gesundheitsförderung sind vielfach nachgewiesen. Während aus Sicht der Beschäftigten Gesundheitsförderung insbesondere Pluspunkte für die Arbeits- und Lebensqualität bringt, profitieren deutsche Betriebe nach eigener Aussage je nach Ausgangslage von einer langen Reihe positiver Effekte:[105]

- Verringerung der Arbeitsbelastungen
- Verbesserung der Gesundheit und des Wohlbefindens der Mitarbeiter und Erhaltung der Arbeits- und Leistungsfähigkeit
- Steigerung der Arbeitszufriedenheit und Mitarbeitermotivation
- Senkung des Krankenstandes und der Krankheitsfehlzeiten

104 - Z. B. *Der Weg zur Gesundheit* und hier besonders das Kapitel »Heilung für den Geist«.

105 - *Auf dem Weg zum gesunden Unternehmen*, 8.

- Verbesserung des Arbeitsklimas
- Erhöhung der Mitarbeiterbindung und -loyalität
- Verringerung der Fluktuation
- Verbesserung der Produkt- bzw. Dienstleistungsqualität
- Verbesserung der innerbetrieblichen Kooperation
- Erhöhung der Kundenzufriedenheit und Kundenbindung
- Verbesserung der Flexibilität und Innovationsfähigkeit
- Steigerung der Wirtschaftlichkeit und Produktivität
- Verbesserung des Unternehmensimages (inkl. der Beschäftigungsattraktivität)
- Erhöhung der Wettbewerbsfähigkeit

Nehmen wir nur einmal das Thema »Fehlzeiten«, also die Tage, die ein Mitarbeiter krankheitsbedingt an seinem Arbeitsplatz fehlt: »Nach einer aktuellen Studie ... tragen z. B. Programme der Gesundheitsförderung dazu bei, die Fehlzeitenrate um bis zu 36 % zu senken und in Bezug auf die Produktivität jeden hier investierten Euro zu vervier- bzw. zu versechsfachen.«[106] Nicht Angst vor dem Verlust des eigenen Arbeitsplatzes, sondern Maßnahmen zur Verbesserung der körperlichen und psychischen Gesundheit geben hier den Ausschlag für geringere Fehlzeiten. Selbst wenn ein Unternehmer nicht christlich-ethisch motiviert ist, sondern nur an das wirtschaftliche Ergebnis denkt, werden ihn diese Tatsachen bewegen. Um wie viel mehr sollte sich ein christlicher Unternehmer dieses Themas annehmen!

Der wirtschaftliche Nutzen gesunder Mitarbeiter

Das Handwerk weiß schon lange, wie wichtig gesunde Mitarbeiter sind: »Mit zunehmendem Wettbewerbsdruck wird die Gesundheit von Mitarbeiterinnen und Mitarbeitern zur Schlüsselressource zukunftsfähiger Unternehmen und Orga-

106 - Ebd., 9.

nisationen aller Branchen«, hieß es kürzlich in der *Deutschen Handwerks Zeitung*.[107]

Wie viel mehr sollten wir als adventistische Unternehmer hier klug handeln. Denn Unternehmer, die ihren Mitarbeitern die adventistische Gesundheitsbotschaft vermitteln, können so einen Vorsprung schaffen. Die Beachtung der acht Bausteine der Gesundheit (auch die »acht Ärzte« genannt) verbessert die Gesundheit der Angestellten und steigert die Produktivität. Bekanntlich handelt es sich hier um »reine Luft, Sonnenschein, Mäßigkeit, Ruhe, Bewegung, richtige Ernährung, die Anwendung von Wasser, Vertrauen in die göttliche Kraft – dies sind die wahren Heilmittel. Ein jeder sollte die Heilkräfte der Natur kennen und wissen, wie sie anzuwenden sind.«[108]

Die wachsende Bedeutung älterer Mitarbeiter

Auch andere haben sich zu diesem Thema Gedanken gemacht – gerade auch deswegen, weil wir in Zukunft vermehrt ältere Mitarbeiter haben werden und benötigen. So schreibt der Verband *Christen in der Wirtschaft* (CiW):

> »Gesundheit muss Teil der Unternehmensstrategie werden, wenn auch ältere Mitarbeiter innovativ, motiviert und leistungsfähig sein sollen«, fordert Andreas Heyer, Projektmanager der Bertelsmann Stiftung. Die Wettbewerbsfähigkeit deutscher Unternehmen stehe und falle in Zukunft mit einer leistungsfähigen älteren Belegschaft. Im Jahr 2020 werde bereits jede dritte Arbeitskraft 50 Jahre und älter sein. Dieser Trend verstärke sich noch durch die stufenweise Anhebung des Renteneintrittsalters auf 67 Jahre. Die Leistungsfähigkeit der Belegschaft lasse sich aber nur bewahren, wenn Firmen auch die Gesundheit ihrer Mitarbeiter erhalten könnten. Bislang werde diese entscheidende Perspektive aber in der

107 - 25.5.2007.
108 - Ellen White: *Der Weg zur Gesundheit*, 82.

Öffentlichkeit oft noch außer Acht gelassen, meint Heyer in einem Beitrag für den Newsletter *Unternehmenskultur und CSR* der Bertelsmann Stiftung. Stattdessen würden vor allem beschäftigungspolitische Maßnahmen diskutiert, die nur die Rahmenbedingungen für Unternehmen verbesserten, ältere Arbeitnehmer einzustellen oder im Betrieb zu halten.

Auch wie der Stellenwert von Gesundheit für den Geschäftserfolg im Rahmen der Unternehmensstrategie definiert und integriert werden könne, erläutert Heyer. Wichtige Handlungsfelder seien die Arbeitsorganisation, die Personalpolitik und die Führungskultur. Belastungen im Arbeitsprozess finde man besonders effizient heraus, indem man die Mitarbeiter systematisch befrage und in die Gestaltung von Arbeitsprozessen einbeziehe. Oft ließen sich Arbeitsabläufe unter Einbeziehung der Mitarbeiter zugleich effizienter und gesundheitsförderlicher gestalten. Demotivierendes Führungsverhalten lasse sich durch systematische Führungskräfteentwicklung reduzieren, denn häufig ließen sich körperliche Beschwerden auf psychische Belastungen und Stress im Betrieb zurückführen.[109]

Drei Bereiche der betrieblichen Gesundheitsförderung

1. **Das persönliche Vorbild** des Geschäftsführers oder Vorstands, der die adventistischen Gesundheitsratschläge selbst praktiziert, ist eine wichtige Voraussetzung. Hinzu kommt ein weiterer, sehr bedeutender Aspekt: Eine plötzliche oder lang andauernde Erkrankung des Unternehmers oder gar sein Tod kann das Unternehmen viel Geld kosten und schlimmstenfalls sein Ende bedeuten. »Jede dritte Betriebsübergabe oder -aufgabe resultiert laut Statistik aus Krankheit, Unfall oder Tod des Chefs.«[110]

109 - *CiW Wirtschaftsnachrichten*, 7.5.2007.
110 - »Was tun ohne Chef?«, in: *Deutsche Handwerks Zeitung*, 23.5.2008.

2. Innerbetriebliche Strategien für die betriebliche Gesundheitsförderung sollten unter Einbeziehung der Mitarbeiter entwickelt werden. Bereiche, in denen der Austausch mit den Mitarbeitern unverzichtbar ist, sind Arbeitssicherheit, Arbeitsplatzgestaltung und die gesundheitsfördernde Gestaltung der Arbeitsabläufe.

3. Das adventistische Gesundheitskonzept. Adventistische Fachleute (Ärzte, Physiotherapeuten, Gesundheitsberater, Lebensstilberater, Buchevangelisten, Pioniere mit entsprechender Zusatzausbildung etc.) können Unternehmen beraten und deren Mitarbeiter unterweisen. Dabei steht uns mit der Gesundheitsexpo ein einmalig guter Einstieg zur Verfügung.

Gesundheitsexpo

Diese Gesundheitsausstellung mit ihren Angeboten zur Überprüfung der Gesundheit, verbunden mit Vorträgen, weckt bei vielen Teilnehmern Interesse an Gesundheitsfragen. Aus zahlreichen Ländern der Welt liegen gute Erfahrungen vor. In Israel etwa wurde im Mai 2009 unter der Leitung von Dr. Nicolae Dan (Herghelia, Rumänien) und Charles Cleveland (OCI, USA) die erste Gesundheitsexpo durchgeführt. An den sechs Abenden kamen insgesamt 550 Gäste. Die Einladung zur Teilnahme an einem »Gesundheitsklub« wurde von 230 Personen angenommen. Der Direktor des Veranstaltungszentrums, der zugleich ein General der israelischen Armee war, sagte am Schluss: »Sie haben mir das Leben gerettet!« Er meldete sich sofort zusammen mit seiner Frau für eine Kur im rumänischen Herghelia an.

Eine Gesundheitsexpo kann man in einer Gemeinde, einer Firma oder einem öffentlichen Raum veranstalten. So führte der DVG bei einem Kongress für christliche Führungskräfte in Leipzig eine Expo durch. Das nötige Know-how zur Durchführung der Expo kann man beispielsweise an der Josia-Missionsschule oder bei TGM erwerben.

Was erhält einen Menschen gesund?

Eine immer größere Bedeutung kommt heute vorbeugenden Maßnahmen zu, also der Erhaltung der Gesundheit (auch »Wellness« genannt – ein Bereich, in dem wir als Adventisten schon lange besonders stark sind). So schreibt auch Erik Händeler in einem Beitrag für die Zeitschrift *Christ & Wirtschaft*: »Deutschland 2020: ... Das Krankheitsreparatursystem der alten Industriegesellschaft hat sich inzwischen völlig neu organisiert zu einem Gesundheitssystem, bei dem ein Großteil der Krankenkassenbeiträge für die Gesunderhaltung verwendet wird.«[111] Bekanntlich können Krankenkassen inzwischen zur »Anregung und Unterstützung betrieblicher Gesundheitsprogramme einen Bonus an gesundheitsfördernde Unternehmen geben (SGB V §65b).«[112]

Seit über hundert Jahren betonen wir als Siebenten-Tags-Adventisten das Thema »Prävention«, wenn es um die Gesundheit geht. Wenn adventistische Unternehmer diesen Schatz für sich selbst und ihre Betriebe heben, werden ihre Unternehmen und ihre Mitarbeiter davon profitieren. Die guten oder schwachen Ergebnisse in diesem Punkt, und zwar sowohl in unseren Gemeinden als auch in unseren Institutionen, sind in der Regel eine Folge des guten oder schlechten Vorbilds, das die leitenden Personen geben. Es wäre zu wünschen, dass unsere »Unternehmensziele« durch eine adventistische Gesundheitsförderung – sowohl innerhalb der Gemeinde als auch außerhalb – profitierten.

111 - »Ein Blick in die Zukunft«, 2/2007.

112 - *Auf dem Weg zum gesunden Unternehmen*, 12.

12. Was wir bei Teilhaberschaften beachten sollten

Vorüberlegungen

Teilhaberschaften sind ein sensibles Thema. Wer die Absicht hat, eine Teilhaberschaft einzugehen, sollte das Thema und alle Aspekte, die hiermit verbunden sind, vorher sorgfältig recherchieren. Ferner sollte er seinen Partner bzw. seine Partner vorher gut kennen und intensiv um Gottes Führung beten. Der Charakter und das Wertesystem der Beteiligten sind von entscheidender Bedeutung. Selbstverständlich ist es gerade für Siebenten-Tags-Adventisten wichtig, dass der oder die möglichen Teilhaber auch die biblische Ethik bejahen. Sollte eine Teilhaberschaft bereits bestehen, ist es auf jeden Fall ratsam, sie nach biblischen Gesichtspunkten zu überprüfen. Wenn ein Partner andere Werte hat, ist eine Zusammenarbeit schwierig. Sie wird dann irgendwann in Auseinandersetzungen enden oder aber – und das ist die andere Gefahr – zu Kompromissen führen, auf denen kein Segen liegt.

Auf jeden Fall kann man sagen, dass es unmöglich ist, Gott als Eigentümer (oder auch nur Seniorpartner) des Unternehmens zu betrachten, wenn einer der Gesellschafter oder Mitinhaber

Gottes Autorität gar nicht oder nur halbherzig anerkennt. Die praktischen Konsequenzen liegen auf der Hand.

Aber auch unter Menschen, die sich grundsätzlich als Gläubige bezeichnen, kann es Probleme geben, die mit dem Glauben zu tun haben. Nehmen wir an, zwei Siebenten-Tags-Adventisten wollen gemeinsam ein Unternehmen gründen und führen. Trotz derselben Ausgangsbasis im Glauben kann es sein, dass sie unterschiedliche ethische Vorstellungen haben. In diesem Fall ist es wichtig, dass der jeweils ethisch höhere Anspruch toleriert wird. Der mögliche Partner muss nicht in jedem Punkt dieselbe Ethik vertreten, aber er muss positiv dazu eingestellt sein. Sicher wäre es auch gut, klare schriftliche Abmachungen zu treffen. Es sollte festgelegt werden, auf welche Weise man unterschiedliche Positionen behandeln will.

Das Argument, »Für diesen oder jenen Punkt brauchen wir keine schriftliche Vereinbarung; wir sind doch Freunde«, sollte man nie gelten lassen. Denn wenn man wirklich eine gute Freundschaft hat und dem anderen nichts Böses will, hat man auch nichts dagegen, eine mündliche Vereinbarung schriftlich zu formulieren. Ein vorsichtiger Kaufmann muss immer vom Schlimmsten ausgehen – und wenn das nur darin besteht, dass einer der Partner im nächsten Moment durch einen Verkehrsunfall ums Leben kommt. Dann sitzt man nämlich plötzlich mit den Erben an einem Tisch. Und wer weiß, welche Ethik die vertreten! Wie hilfreich ist dann, wenn man beizeiten klare vertragliche Vereinbarungen in Schriftform aufgesetzt hat. So etwas erspart viel Ärger, Stress und Verlust.

Partnerschaften unter Siebenten-Tags-Adventisten

Die nachfolgenden Ausführungen zeigen, dass wir als Siebenten-Tags-Adventisten in der Regel eine Teilhaberschaft nur mit anderen gläubigen bzw. praktizierenden Siebenten-

Tags-Adventisten eingehen können. Es gibt dafür mehrere Gründe. Die beiden herausragenden sind mit Sicherheit: 1) Der Sabbat, d. h. die konsequente Betriebsruhe bzw. Nichtbeschäftigung aller Mitarbeiter des Unternehmens am biblischen Ruhetag. 2) Gottes Eigentumsrecht, das wir durch unseren Zehnten anerkennen, und zwar nicht nur in Bezug auf das persönliche Gehalt, sondern auch auf das Unternehmen insgesamt.

Der Apostel Paulus riet den Korinthern: »Zieht nicht in einem fremden Joch mit Ungläubigen! Denn was haben Gerechtigkeit und Gesetzlosigkeit miteinander zu schaffen? Und was hat das Licht für Gemeinschaft mit der Finsternis? Wie stimmt Christus mit Belial überein? Oder was hat der Gläubige gemeinsam mit dem Ungläubigen?« (2Kor 6,14f.) Der adventistische Bibelkommentar schreibt, der entsprechende Abschnitt zu diesem Thema sei »eine Warnung gegen jede Form von Verbindung mit Ungläubigen, die Christen in Situationen bringen, in denen es schwierig oder unmöglich ist, in Grundsatzfragen Kompromisse zu vermeiden. Dieses Verbot schließt die Ehe mit ein ... Aber es ist auf keinen Fall darauf beschränkt ... Der Unterschied in Idealen und Verhalten zwischen Christen und Nichtchristen, zwischen Gläubigen und Ungläubigen, ist so groß, dass das Eingehen einer Bindung mit ihnen, ob in Heirat oder Geschäft oder sonst wie, den Christen unausweichlich mit der Alternative konfrontieren wird, entweder Grundsätze aufzugeben oder Schwierigkeiten zu ertragen. Diese werden nämlich in der Regel hervorgerufen durch Unterschiede im Glauben und Verhalten ... In eine solche Verbindung einzutreten, bedeutet, Gott ungehorsam zu sein und mit dem Teufel zu handeln ... Kein anderer Grundsatz [nämlich eine solche Verbindung zu vermeiden] wurde von Gott strikter eingeschärft. Durch die ganze Geschichte des Volkes Gottes war das Ergebnis der Verletzung dieses Grundsatzes eine geistliche Katastrophe.«

Der Sabbat

Schon 1884 schrieb Ellen White zum Thema »Sabbat und Geschäft«: »Eine Sabbatreform ist bei denen notwendig, die da bekennen, Gottes Ruhetag zu heiligen. Einige besprechen und planen am Sabbat ihre Geschäftsangelegenheiten, aber in Gottes Augen ist das nicht anders, als würden sie die Geschäfte tatsächlich abwickeln.

Andere sind mit den biblischen Belegen für die Richtigkeit des Sabbats wohlvertraut, verbinden sich aber geschäftlich mit Männern, die für Gottes heiligen Tag keinen Respekt zeigen. Ein Sabbathalter kann in seinem Geschäft keinem Angestellten erlauben, am Sabbat zu arbeiten. Wenn er als Teilhaber am Geschäft den ungläubigen Geschäftspartner um des Gewinnes willen am Sabbat arbeiten lässt, ist er genauso schuldig wie der ungläubige Partner. Es ist seine Pflicht, diese Beziehung ohne Rücksicht auf Verluste zu lösen. Menschen mögen denken, sie könnten es sich nicht leisten, Gott zu gehorchen, und vergessen, dass es der Ungehorsam ihm gegenüber ist, den sie sich nicht leisten können. Wer sich sorglos in der Beobachtung des Sabbats verhält, wird großen Schaden erleiden.«[113]

Der Zehnte

Zum Thema »Zehnter und Geschäft« schrieb Ellen White: »Was allem sauberen Geschäftsgebaren und dem wahren Erfolg zugrunde liegt, ist die Anerkennung des göttlichen Eigentumsrechtes. Er, der den Menschen Kraft gibt, Reichtum zu erlangen, hat an die Fähigkeit eine Verpflichtung geknüpft. Von allem, was wir erwerben, beansprucht er einen bestimmten Teil. Der Zehnte ist des Herrn … Nicht an die Dankbarkeit oder Freigebigkeit wird appelliert. Dies ist einfach eine Sache der Aufrichtigkeit … Wenn Ehrlichkeit ein wesentlicher Grundzug

113 - *Evangelism*, 245; vgl. *Evangelisation*, 234.

im Erwerbsleben ist, müssen wir dann nicht auch unsere Schuldigkeit Gott gegenüber bejahen – die Verpflichtung, die jeder anderen zugrunde liegt?«[114]

Glaube

Zu dem Einwand, dass geschäftliche Dinge und Glauben nichts miteinander zu tun hätten, dass also das Geschäft *eine* Sache und der Glaube eine ganz andere sei, meint Ellen White: »Christlicher Glaube und Geschäft sind nicht zwei voneinander unabhängige Dinge; sie sind eins. Alles, was wir tun und sagen, muss von biblischem Glauben durchwebt sein. Die Kräfte Gottes und des Menschen sollen sich zu weltlichem nicht weniger als zu geistlichem Tun vereinigen, und zwar in der Industrie, in der Landwirtschaft, im Handel und in der Wissenschaft. In allem, was ein Christ tut, ist er auf diese Zusammenarbeit angewiesen.«[115]

Weitere Ratschläge von Ellen White

Zusätzlich zu den bereits aufgeführten Zitaten zum Thema »Teilhaberschaften mit Nichtadventisten« weist Ellen White u. a. auch auf Folgendes hin:

»Uns sind die feierlichsten Wahrheiten, die je Sterblichen anvertraut wurden, gegeben, damit wir sie der Welt verkündigen. Die Verkündigung dieser Wahrheiten ist unsere Aufgabe. Die Welt muss gewarnt werden, und Gottes Volk muss die ihm aufgetragene Pflicht treu erfüllen. Es darf sich weder in Spekulationen noch in geschäftliche Unternehmungen mit Ungläubigen einlassen, denn das würde sie in der Durchführung der ihnen von Gott übertragenen Aufgabe behindern.« (*Zeugnisse IX*, 19)

114 - *Erziehung*, 126.
115 - *Christi Gleichnisse*, 249.

Ellen White schrieb mehr im Allgemeinen über die Trennung von der Welt. Dabei zitierte sie etwa den zweiten Teil von 2. Korinther 6,14 wie in folgendem Abschnitt: »Gott hat uns dazu aufgerufen, uns von der Welt zu trennen. Wirst du gehorchen? Wirst du von ihnen ausgehen und dich von ihnen abgesondert und getrennt halten? ›Denn was hat die Gerechtigkeit zu schaffen mit der Ungerechtigkeit? Was hat das Licht für Gemeinschaft mit der Finsternis?‹ Du kannst dich nicht mit Weltmenschen vermischen, an ihrem Geist teilhaben und ihrem Beispiel folgen und zur selben Zeit ein Kind Gottes sein. Der Schöpfer des Universums spricht zu dir als liebender Vater. Wenn du dich in deinem Herzen von der Welt absonderst und frei bleibst von ihrer Verunreinigung und der Verderbnis entkommst, die durch die Lust in der Welt existiert, dann wird Gott dein Vater sein, dich in seine Familie adoptieren, und du wirst sein Erbe sein. Statt der Welt wird er dir für ein Leben des Gehorsams das Reich unter dem ganzen Himmel schenken. Er wird dir eine ewige und über alle Maßen gewichtige Herrlichkeit geben und ein Leben, das ebenso lange anhält wie die Ewigkeit.« (*Testimonies II*, 44)

In Bezug auf aktive Mitgliedschaft in politischen Parteien und politischen Themen schrieb sie: »Man mag die Frage stellen: ›Sollen wir keinerlei Gemeinschaft mit der Welt haben?‹ Das Wort des Herrn soll unser Führer sein. Jede Verbindung mit Ungläubigen, die den Unterschied zwischen ihnen und uns verwischen würde, ist durch das Wort verboten. Wir sollen von ihnen ausgehen und von ihnen getrennt leben. In keinem Fall sollen wir uns in ihren Arbeitsplänen mit ihnen verbinden. Und dennoch sollen wir kein abgeschiedenes Leben führen. Wir sollen den Weltmenschen alles nur erdenklich Gute tun.« (*Gospel Workers*, 394; vgl. *Diener des Evangeliums*, 348)

Recht allgemein gehalten ist die Aussage in *The Ministry of Healing:* »In deinen Geschäften, in deinen Freizeitbekanntschaften und im Bund fürs Leben – egal, welche Verbindung du eingehst: Gehe sie in jedem Fall unter ernstem und demütigem Gebet ein. So zeigst du, dass du Gott ehrst, und Gott wird dich ehren.« (S. 513; vgl. *In den Fußspuren des großen Arztes*, 522)

Hier ist noch eine interessante Aussage zum Thema »Geschäft«: »Der Heiland hat der Welt ein äußerst profitables Geschäft vorgestellt, an dem sich Reiche und Arme, Gebildete und Ungebildete beteiligen können: Alle können gefahrlos ›einen Schatz im Himmel sammeln, der nicht vergeht‹. Das ist eine Investition der Kräfte auf der richtigen Seite. Das bedeutet es, seine Talente den Geldwechslern zu geben.« (*Testimonies V*, 259; vgl. *Zeugnisse V*, 270)

Ebenfalls interessant, auch wenn es nicht direkt um Teilhaberschaft mit Ungläubigen geht, ist folgender Abschnitt über »gläubige Geschäftsmänner« aus dem Buch *Christi Gleichnisse:* »Der Herr hat Daniel und Josef zu klugen Managern gemacht. Er konnte durch sie wirken, weil sie nicht lebten, um ihren eigenen Neigungen nachzugehen, sondern um Gott zu gefallen ... Der Fall Daniel enthält für uns eine Lektion. Er offenbart die Tatsache, dass ein Geschäftsmann nicht notwendigerweise ein gerissener Politiker sein muss. Er kann auf Schritt und Tritt von Gott unterwiesen werden. Wenn auch Daniel Premierminister des babylonischen Reiches war, war er zugleich ein Prophet Gottes, der das Licht göttlicher Inspiration erhielt. Weltliche und ehrgeizige Staatsmänner werden im Wort Gottes als Gras dargestellt, das wächst, und als die Blume des Grases, die verblasst. Er wünscht sich jedoch in seinem Dienst intelligente Männer, die für die unterschiedlichsten Aufgaben geeignet sind. Die Welt braucht Geschäftsleute, die alle ihre Geschäfte mit den großen Prinzipien der Wahrheit verflechten ... Über Daniel erfahren wir, dass in all seinen geschäftlichen Maßnahmen – als man diese aufs Genaueste untersuchte – kein einziger Fehler zu finden war. Er ist ein Vorbild für jeden Geschäftsmann.« (*Christ's Object Lessons*, 350; vgl. *Christi Gleichnisse*, 250)

Empfehlenswert sind darüber hinaus das Kapitel 15 »Grundsätze und Verfahrensweisen im Erwerbsleben« in *Erziehung*, Kapitel 30 »Danger in Prosperity« (Die Gefahr des Wohlstands) in *Counsels on Stewardship* sowie Kapitel 48 »Geschäft und Religion« in den *Zeugnissen*, Band 5.

GOTT GIBT ZEICHEN GEGEN PARTNERSCHAFT MIT EINEM UNGLÄUBIGEN

Wie konkret Gottes Hilfe in Fragen der Partnerschaft mit Nicht-Adventisten aussehen kann, zeigt folgende Erfahrung:

Mein (GP) Gegenüber war eine bekannte Persönlichkeit der deutschen Unternehmensberatung. Seit zwei Jahren hatte er versucht, mich als Partner zu gewinnen. Er war 62 und durch seine geschäftlichen und sozialen Kontakte gut etabliert in der deutschen Großindustrie. Ich sollte ihn nach einer dreijährigen Partnerschaft »beerben«.

Das Angebot war überaus verlockend, zumal ich im Gegensatz zu den vorherigen zwei Kontaktaufnahmen diesmal – wir schrieben das Rezessionsjahr 1993 – in einer schwierigen wirtschaftlichen Lage war. Ich hatte seit fünf Monaten keinen Auftrag mehr erhalten. Das Wasser stand mir bis zum Hals.

Ein Zusammengehen mit einem starken Partner schien mir vernünftig. Zwar hatte mein Gegenüber den Ruf, arrogant und jähzornig zu sein, doch das betrachtete ich eher als Herausforderung. Ich hatte mich schon fast entschieden – auch wenn das die Aufgabe meines eigenen Unternehmens bedeutet hätte.

Mein künftiges Büro war mit gediegenen Antiquitäten ausgestattet. Vom Fenster aus sah man die Skyline von Frankfurt. Die Mitarbeiter schienen kompetent und freundlich. Und jetzt lag der von ihm unterschriebene Vertrag vor mir.

War das aber der richtige Schritt? Konnte Gott diese Entscheidung segnen? Was war der Wille Gottes in dieser Situation? Um ganz sicher zu sein, bat ich vor meiner Unterschrift um eine Woche Bedenkzeit. Ich ging nach Hause und dachte noch einmal über meine Entscheidung nach. Ich wollte Gott ganz bewusst in meine weitreichenden Pläne mit einbeziehen. Das Problem, das ich hatte, war ein grundsätzliches, das nicht nur mir täglich begegnet.

In meinem konkreten Fall sagte ich zu Gott: »Herr, du kennst die Zukunft, und du kannst in die Herzen von Menschen sehen. Ich weiß nicht, was richtig ist. Du weißt es aber wohl. Ich habe eine Woche Zeit zum Entscheiden. Da du mir einen Verstand und Entscheidungsfreiräume gegeben hast und mir die angebotene Partnerschaft allein schon aufgrund meiner wirtschaftlichen Notlage sinnvoll erscheint, werde ich mich für das Angebot entscheiden. Wenn du diese Entscheidung für falsch hältst, dann schließ bitte eine Tür vor meiner Nase oder gib mir ein anderes deutliches Zeichen.«

Als Zeichen dafür, dass ich die Partnerschaft nicht eingehen sollte, erbat ich dann von Gott, mir innerhalb einer Woche zwei neue Aufträge zu geben. Damit hatte ich eigentlich das Problem so gut wie gelöst. Ich wollte ja die Partnerschaft. Und dass ich jetzt, nachdem ich fünf Monate lang keinen einzigen Auftrag erhalten hatte, innerhalb von nur sieben Tagen gleich zwei Aufträge erhalten würde, war nicht wahrscheinlich.

Doch dann geschah tatsächlich das Unerwartete: Gleich am nächsten Morgen rief ein Unternehmer aus der Schweiz an, den ich ein halbes Jahr zuvor kennengelernt hatte. »Ich brauche ganz schnell Ihre Hilfe«, sagte er. »Suchen Sie mir bitte für mein deutsches Unternehmen einen neuen Geschäftsführer.« Ich wollte daraufhin einen Termin machen, um in die Schweiz zu fahren und die Informationen aufzunehmen, die dann, wie üblich, Grundlage eines schriftlichen Angebots werden sollten. Aber er unterbrach mich und sagte: »Nein, nein, legen Sie sofort los. Sie haben den Auftrag.«

Da war also Auftrag Nr. 1. Ich war dann nicht mehr ganz so überrascht, als ich innerhalb weiterer sechs Tage auch noch einen zweiten Auftrag erhielt. Gott hatte mein

Gebet erhört – allerdings nicht ganz so, wie ich es erwartet hatte. Natürlich habe ich den Vertrag mit meinem Beinahe-Partner nie unterschrieben. Mein kleines Unternehmen erholte sich in der Folgezeit gut und wuchs sogar. Zwei Jahre später stellte mein Verhandlungspartner von damals seine Aktivitäten wegen mangelnden Erfolgs ein. Gott hat sich in einer sehr konkreten Situation als ein zuverlässiger Geschäftspartner erwiesen. Und er hat mit mir auf eine Weise kommuniziert, die ich verstehen konnte. Dafür bin ich ihm dankbar, und das hat mir auch in der Folgezeit so manche Entscheidung erleichtert.

Gott belohnt Treue in der Frage der Geschäftspartnerschaft

Eine andere Geschichte erzählt von den Erlebnissen eines anfangs ungläubigen Geschäftsmannes. Durch Fleiß und Tüchtigkeit hatte er es zum Mitinhaber einer Papiergroßhandlung gebracht. Trotz seines Erfolgs war er in seinem Inneren unbefriedigt und ruhelos. Doch der Geist Gottes bewirkte an ihm eine tiefgehende Umkehr. Er wurde ein Gottesmann. Als solcher war er seinen weltlich gesinnten Partnern nicht mehr angenehm, und als diese auf die Idee kamen, u. a. auch Spielkarten zu verkaufen, war für ihn klar, dass die Stunde der Trennung gekommen war.

Er machte sich selbstständig und hatte bald 26 Angestellte. Er hielt mit ihnen täglich Andacht und sorgte für sie wie ein Vater. In Krisenzeiten erfuhr er vielfach den Segen Gottes. An einem Zahltag fehlte ihm beispielsweise das nötige Geld, um die Löhne auszuzahlen. Da er nach dem Prinzip lebte, keine Schulden zu machen, kniete er in seinem Büro nieder, um die Sache Gott darzulegen. Eine Stunde später brachte ihm ein fremder Mann einen Brief mit seiner Adresse, den er in der Straßenrinne gefunden hatte. Beim Öffnen des Briefes fand sich darin ein Geldbetrag, der dem Doppelten der anstehenden Lohnzahlung entsprach.

Eines Tages hatte er für seine 26 Leute nicht mehr genügend Arbeit. Was er nicht wusste: Ein Freund, ebenfalls ein Geschäftsmann, hatte einen Großauftrag aus Australien bekommen und benötigte nun gerade von ihm eine Zulieferung. Dieser Freund kam kurz vor 12.00 Uhr ins Büro des gläubigen Geschäftsmannes, um ihm den Auftrag zu geben. Dieser erklärte ihm jedoch, bevor er ihm die gute Nachricht mitteilen konnte: »Ich kann dich jetzt nicht empfangen. Gleich beginnt unsere Geschäftsandacht.« Daraufhin nahm der Freund daran teil. Während der Andacht betete ein junger Mitarbeiter: »Herr, du weißt, dass wir Aufträge brauchen, denn uns ist die Arbeit ausgegangen. Bitte, Herr, sende uns einen neuen Auftrag!« Tatsächlich war der Auftrag beim Sprechen des Gebets schon da! Nur wusste noch niemand davon.

Einem anderen Freund vertraute der gläubige Geschäftsmann kurz vor seinem Tod an, es schmerze ihn, dass er nicht mit Gewissheit sagen könne, ob er an der Bekehrung auch nur eines Menschen zu Jesus Christus beteiligt gewesen sei. Als er gestorben war, erhielt seine Frau über 80 Briefe, meistens von jungen Geschäftsleuten, die ihre Dankbarkeit für den Segen bezeugten, den sie durch ihren Mann erfahren hatten. Einige erwähnten, dass er Gottes Werkzeug in ihrem Leben gewesen sei und dass er sie zu Jesus Christus geführt habe. Andere erklärten, dass sie durch ihn einen tiefen Einblick in das Wort Gottes bekommen hatten und dadurch innerlich gestärkt worden waren.

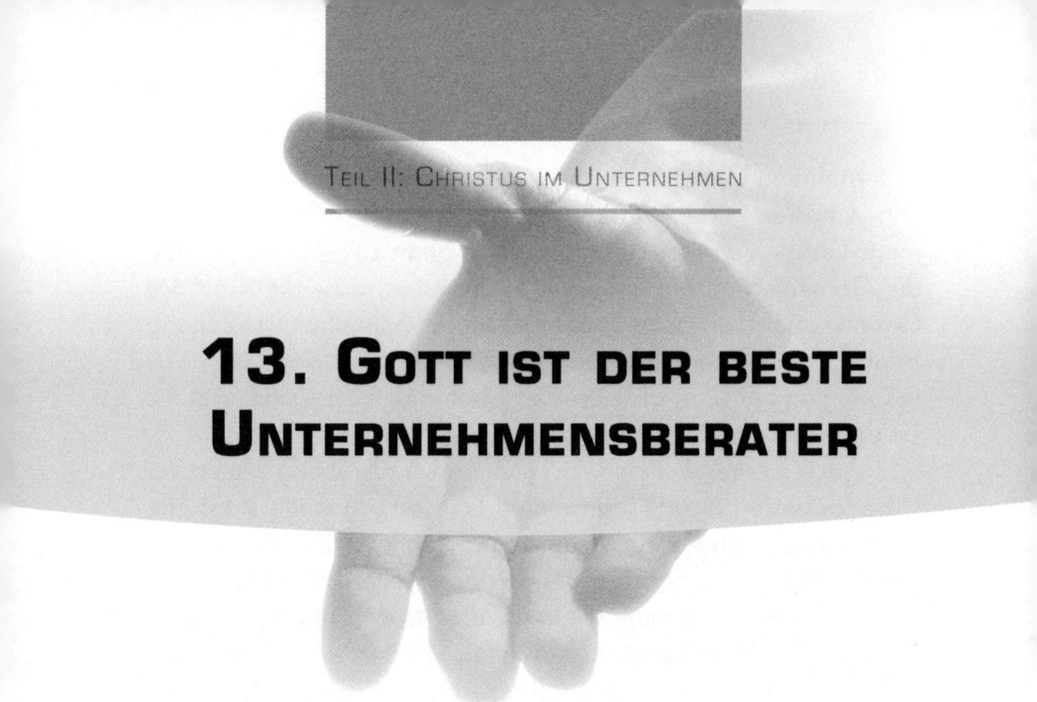

13. Gott ist der beste Unternehmensberater

Die Rolle des Gebets

Vergessen wir nicht, dass die Einladung unseres Herrn, im Gebet zu ihm zu kommen, auch im Geschäftsleben eine Segens- und Beratungsmöglichkeit ist, die wir in dieser Weise nirgendwo anders finden können. Es ist sicher gut, ein solches »Krisenmanagement« zu haben – und auch Krisenprävention zu betreiben, denn das Gebet ist bereits vor jeder Krise unersetzlich. Gott ist der Einzige, der die Zukunft kennt. Und er ist bereit, uns zu beraten und beizustehen. Die Führung Gottes ist in guten wie in schweren Tagen die beste und sicherste Navigationshilfe.[116]

Die *Bild*-Zeitung berichtete am 26.10.2007 über das Beten im Unternehmen als einem neuen Trend. Dort heißt es, immer mehr Mitarbeiter würden sich zusammenfinden, um gemeinsam für ihr Unternehmen, ihre Chefs und Kollegen, aber auch für private Anliegen zu beten. Dies sei der »ungewöhnlichste Trend in deutschen Firmen«. Bundesweit gebe es inzwischen in ca. 1000

116 - Unter *www.firmengebet.de* gibt es Anregungen für das Beten in Unternehmen.

Unternehmen Gebetskreise, zitiert das Blatt den Geschäftsführer von »Christen in der Wirtschaft e. V.«, Andreas Schnabel. Immer mehr Christen wollten ihren Glauben offen zeigen und suchten die Gemeinschaft mit anderen. Sie wüssten, dass die Kraft des Gebets wirklich etwas verändern könne, so Schnabel. Die Zeitung zeigt dann in einem Foto den Firmengebetskreis von »tempus.« in Giengen bei Ulm, auf dem der Chef und seine Mitarbeiter ins Gebet vertieft sind.

Auch während meiner (HH) Zeit in Bad Aibling hatten wir klare Gebetserhörungen. In einem Fall hatte uns die staatliche Heimaufsicht nahegelegt, in unserem Altenheim den Nachtdienst zu verdoppeln. Dazu brauchten wir drei weitere Mitarbeiter. Ich dachte, es sei am besten, wenn wir drei etwa 50-jährige adventistische Krankenschwestern einstellen würden. In diesem Alter haben Krankenschwestern große Berufserfahrung. Das ist von Nutzen, wenn sie nachts auf sich allein gestellt sind. Ich legte Wert auf gläubige Krankenschwestern, da die meisten Sterbefälle in der Nacht vorkommen. Gläubige Schwestern können den Sterbenden besser beistehen.

Leider sind jedoch die meisten Krankenschwestern nicht an einem Dienst in einem Altenheim interessiert – schon gar nicht, wenn sie dafür nach Bad Aibling umziehen müssen. Somit ging ich davon aus, dass eine Anzeige nicht zu einer Lösung führen würde. Deshalb trug ich mein Anliegen unseren Heimbewohnern vor. Ich verband es mit der Bitte, für diese Lösung zu beten. Innerhalb von drei Wochen kamen wir mit drei 50-jährigen gläubigen adventistischen Krankenschwestern in Kontakt. Sie fingen dann einige Zeit später tatsächlich bei uns an. Ich möchte keinen Betrieb ohne Gebet und ohne die besondere Hilfe unseres Herrn leiten.

Durch das Gebet sollten wir Gott in jeder Situation um Rat fragen. Im Falle besonders schwieriger Verhandlungen bat ich immer zwei Beter, während der Zeit der Verhandlung für mich und die Beteiligten zu beten, und zwar bis ich zu ihnen käme und mitteilen könne, dass wir unsere Gespräche abgeschlossen hätten. In allen Fällen schenkte der Herr gute, tragbare Lösungen.

Einige Verheissungen

»Rufe mich an, so will ich dir antworten und will dir kundtun große und unfassbare Dinge, von denen du nichts weißt.« (Jer 33,3)

»Und Jabez rief den Gott Israels an und sprach: Ach dass du mich segnetest und mein Gebiet mehrtest und deine Hand mit mir wäre und schafftest, dass mich kein Übel bekümmere! Und Gott ließ kommen worum er bat.« (1Chr 4,10)

»Opfere Gott Dank und erfülle dem Höchsten deine Gelübde und rufe mich an in der Not, so will ich dich erretten, und du sollst mich preisen.« (Ps 50,14f.)

»Dem aber, der überschwänglich tun kann über alles, was wir bitten oder verstehen, nach der Kraft, die da in uns wirkt, dem sei Ehre in der Gemeinde und in Christus Jesus zu aller Zeit, von Ewigkeit zu Ewigkeit! Amen.« (Eph 3,20f.)

Abschließend noch zwei wichtige Aussagen von E. G. White: »Niemand ist auch nur einen Tag oder eine Stunde lang sicher ohne das Gebet.« »Es ist ein Teil des Planes Gottes, uns in Erhörung des im Glauben dargebrachten Gebetes das zu gewähren, was er uns nicht gewähren würde, wenn wir nicht in dieser Weise zu ihm beteten.«[117]

Unmöglich?

Mancher Unternehmer mag an dieser Stelle denken, dass eine stärkere Ausrichtung seines Betriebs hin auf ein ProJesus-Unternehmen unmöglich sei. Um herauszufinden, ob das aber wirklich stimmt, wäre es am besten, mit Gott darüber zu sprechen. Meine Erkenntnis ist: Bei Gott ist kein Ding unmöglich. Wenn wir ihm vertrauen, kann er über Bitten und Verstehen eingreifen. Vielleicht liest du einmal folgende Texte:

»Sei nur getrost und ganz unverzagt, dass du hältst und tust in allen Dingen nach dem Gesetz, das dir Mose, mein Knecht, gebo-

117 - Ellen White: *Der große Kampf*, 528.

ten hat. Weiche nicht davon, weder zur Rechten noch zur Linken, damit du es recht ausrichten kannst, wohin du auch gehst. Und lass das Buch dieses Gesetzes nicht von deinem Munde kommen, sondern betrachte es Tag und Nacht, dass du hältst und tust in allen Dingen nach dem, was darin geschrieben steht. *Dann wird es dir auf deinen Wegen gelingen und du wirst es recht ausrichten.* Siehe, ich habe dir geboten, dass du getrost und unverzagt seist. Lass dir nicht grauen und entsetze dich nicht; denn der Herr, dein Gott, ist mit dir in allem, was du tun wirst.« (Jos 1,7-9)

»Glaubt an den Herrn, euren Gott, so werdet ihr sicher sein, und glaubt seinen Propheten, *so wird es euch gelingen.*« (2Chr 20,20)

»Wohl dem, der nicht wandelt im Rat der Gottlosen [nach den Geschäftsprinzipien der Welt] noch tritt auf den Weg der Sünder noch sitzt, wo die Spötter sitzen, sondern hat Lust am Gesetz des Herrn und sinnt über seinem Gesetz Tag und Nacht! Der ist wie ein Baum, gepflanzt an den Wasserbächen, der seine Frucht bringt zu seiner Zeit, und seine Blätter verwelken nicht. *Und was er macht, das gerät wohl.*« (Ps 1,1-3)

Viele christliche und adventistische Unternehmer beschreiten heute zur Ehre Gottes diesen Weg. Im Buch *Jesus auf der Chefetage* von Jörg Knoblauch gibt es 24 Berichte über Unternehmer (die unterschiedlichen Kirchen angehören), die sich und ihre Unternehmen nach einigen der Prinzipien umgestellt haben, die in diesem Buch dargestellt sind. Auch in den *ASI NEWS* werden immer wieder Berichte dieser Art veröffentlicht.[118]

Ich selbst (HH) war, wie erwähnt, 22 Jahre in einem weltlichen Unternehmen tätig. Speditionen – heute Logistikunternehmen genannt – gehören zu einer Branche, die als besonders schwierig gilt. Der Herr hat mir auf meiner Laufbahn durch das Unternehmen beigestanden, und zwar vom Lehrling bis zum Prokuristen. Und er hat mir Erfolg geschenkt. Etwa zur selben Zeit, als der Herr mich in den Predigtdienst rief, wurde mir die

118 - Siehe *www.asideutschland.de*.

Position eines Direktors angeboten. Nach weiteren fünf Jahren sollte ich Generalbevollmächtigter werden.

Später, als ich Prediger war und gelegentlich den Generalbevollmächtigten meiner alten Firma besuchte, bedankte er sich immer wieder für das, was er von mir gelernt hatte. So hatte mein Beispiel – ohne mein Wissen – mittelbar über ihn Einfluss auf ein gesamtes Unternehmen genommen. Andererseits bedankte ich mich für das, was ich von ihm gelernt hatte. Auch das Altenheim Haus Wittelsbach in Bad Aibling, dessen Leitung mir nach 16 Jahren im Predigtamt übertragen wurde, habe ich nach bestem Wissen und Gewissen als ProJesus-Unternehmen geführt. Ich danke dem Herrn für seinen Segen und seine Hilfe.

Mit Fleiß, Tüchtigkeit und günstigen Umständen können wir viel erreichen. Wenn Gott jedoch der Partner ist, kommen auch übernatürliche Faktoren – und Ergebnisse – hinzu. Ganz gleich, in welcher Situation du bist: *Wag es mit Jesus!*

> *»Verlass dich auf den HERRN von ganzem Herzen, und verlass dich nicht auf deinen Verstand, sondern gedenke an ihn in allen deinen Wegen, so wird er dich recht führen.«* (Spr 3,5f.)

14. ASI – Adventistische Selbstunterhaltende Initiativen, Institutionen, Unternehmen und Missionsgruppen

Ein Verband, der adventistische Geschäftsleute und die Inhaber bzw. Betreiber adventistischer selbstunterhaltender Missionsorganisationen zusammenbringt, ist ASI. Bei dieser Organisation ist allerdings das gemeinsame Ziel wichtiger als die Frage, wer Mitglied werden darf und wer nicht.

Die grundlegenden ASI-Prinzipien sind eng verknüpft mit den biblischen Grundsätzen der Laienevangelisation, wie Paulus sie im Neuen Testament beschreibt und wie Ellen White sie in ihrem Schrifttum betont. Über den Apostel Paulus schreibt sie: »Seine Vorgehensweise hat viele demütige Arbeiter mit einem Verlangen inspiriert, das zu tun, was in ihrer Macht steht, um das Werk Gottes voranzutreiben, während sie sich gleichzeitig mit ihrer täglichen Arbeit selbst unterstützten … Der Herr verwendet die unterschiedlichsten Instrumente, um seine Ziele zu erreichen.«[119]

ASI wurde aus dem »Madison College«-Projekt heraus entwickelt, das von Dr. E. A. Sutherland und Percy Magan unter der Anleitung von Ellen White ins Leben gerufen worden war. Ellen

119 - Ellen White: *Welfare Ministry*, 63.

White war der festen Überzeugung, dass das Madison College auf ein spezielles Bedürfnis innerhalb der Gemeinde einging. Sie sprach wiederholt über die Rolle, die das College beim Aufbau eines selbstunterhaltenden Werks spielte – eine Rolle, die die schulischen Einrichtungen der organisierten Gemeinschaft ergänzte und sogar herausforderte. »Vor dem sich selbst unterhaltenden Evangeliumsarbeiter tut sich ein weites Feld auf. Viele mögen wertvolle Erfahrungen sammeln, indem sie einen Teil ihrer Zeit in irgendeiner Form körperlicher Arbeit nachgehen«[120].

Das selbstunterhaltende Madison College wurde 1904 in der Nähe von Nashville, Tennessee, gegründet. Obwohl die Schule anfangs ums Überleben kämpfte, dauerte es nicht lange, bis sie wuchs und damit begann, in den gesamten Vereinigten Staaten Satellitenschulen und -einrichtungen zu »pflanzen«. Zur Atmosphäre dieser aufstrebenden Organisation gehörten die jährlichen Versammlungen, bei denen alle Einheiten zusammenkamen. Arthur W. Spalding schrieb in seinem Buch *Origin and History of Seventh-day Adventists* (Entstehung und Geschichte der Siebenten-Tags-Adventisten): »Vierzig Jahre lang versammelten sich die Schulen, Sanatorien, Erholungsheime und andere Einrichtungen der ländlichen Mission am Madison College zu einer Zusammenkunft der selbstunterhaltenden Arbeiter.«[121] So wurde die Grundlage für das geschaffen, was heute in Amerika die alljährliche *ASI International Convention* ist.

In der Mai-Ausgabe des Jahres 1938 berichtete die bekannte amerikanische Zeitschrift *Reader's Digest* über Madison. Der Artikel war überschrieben: »Selbstunterhaltendes College«. Hunderte von Nichtadventisten schrieben daraufhin an das Madison College. Sie wollten gerne ein College besuchen, wo sie sich ihren Unterhalt und die Studiengebühren selbst verdienen konnten – ein Konzept, das in den USA damals völlig unbekannt war. Noch im selben Jahr wurde Madison in der Sendung

120 - Ebd., 64.
121 - Ebd., 183.

Believe It or Not (Kaum zu glauben) als das einzige selbstunterhaltende College der Vereinigten Staaten bezeichnet. Am 6. Oktober desselben Jahres widmete Eleonore Roosevelt, die Frau des damaligen Präsidenten der Vereinigten Staaten, ihre von zahlreichen Zeitungen veröffentlichte Kolumne dem Madison-College. Sie berichtete über das pädagogische Konzept und über den Einfluss, den diese Einrichtung auf das amerikanische Bildungskonzept ausübte.[122]

Auf ihrer 1945 stattfindenden Herbstsitzung empfahl die Generalkonferenz die Gründung eines Dachverbandes, um die selbstunterhaltenden Arbeiter zu vereinen und eine starke Verbindung zur Organisation der Gemeinschaft der Siebenten-Tags-Adventisten zu fördern. 1946 arbeiteten das Madison College und die Southern Union Conference (der südliche Verband der USA) an einer Verzahnung der selbstunterhaltenden Einheiten mit der Kirchenleitung. Diese Bemühungen führten im März 1947 zu einer Zusammenkunft der Delegierten von 25 selbstunterhaltenden Institutionen in Cincinnati, Ohio. Zweck dieser Tagung war die Gründung der *Association of Seventh-day Adventist Self-Supporting Institutions* (Verband siebenten-Tags-adventistischer selbstunterhaltender Institutionen). Der Verband setzte sich zusammen aus Vertretern der selbstunterhaltenden Institutionen sowie leitenden Brüdern der Generalkonferenz und der Verbände. Dr. E. A. Sutherland wurde erster Präsident und Dr. Wayne McFarland erster Sekretär dieser Organisation.

Im Laufe der Jahre wuchs der Verband, veränderte sich und fing an, auch Laienglieder von außerhalb der selbstunterhaltenden Institutionen mit aufzunehmen. 1979 wurde der etwas umständliche Name *Association of Privately Owned Seventh-day Adventist Services and Industries* in die einfachere Bezeichnung *Adventist-laymen's Services and Industries* (Adventistische Laien-Dienste und Gewerbebetriebe) umgewandelt. Heutzutage repräsentieren die ASI-Mitglieder eine einzigartige und bunte

122 - Vgl. Robert H. Pierson: *Wunder geschehen jeden Tag.*

Mischung von adventistischen Laiengliedern, die sich verpflichtet fühlen, der Welt die Liebe Jesu und die Dreifache Engelsbotschaft zu vermitteln.

1983 sprang dann der Funke auch nach Europa über, als in Großbritannien der erste ASI-Verband außerhalb von Nordamerika gegründet wurde. Sieben Jahre später wurde schließlich auch ASI Deutschland ins Leben gerufen – am 20. Mai 1990 kamen 20 Adventisten zu diesem Zweck in Darmstadt zusammen. Erster Vorstands-Vorsitzender der »Vereinigung adventistischer selbstunterhaltender Institutionen, Unternehmen und Missionsgruppen e. V.« wurde Heinz Henning, der nach seiner aktiven Zeit als Schulleiter der Marienhöhe in der Lüneburger Heide einen Bauernhof erworben hatte und diesen für religiöse Bildungsveranstaltungen und Sozialprogramme nutzte.

Seit 1990 haben sich ferner nationale ASI-Verbände in zahlreichen anderen Ländern Europas konstituiert. Im Jahr 1998 erfolgte der Zusammenschluss zu ASI Europa. Unter der Führung von Heinz Henning wuchs die Zahl der ASI-Mitglieder in Deutschland auf rund 40. Seit Mai 2003 ist Dr. Gerhard Padderatz, Unternehmer und Unternehmensberater, Vorsitzender des ASI-Vorstands in Deutschland. 2009 lag die Zahl der ASI-Mitglieder in Deutschland bei 108.

Anhang 1: Ressourcen

Literatur

Knoblauch / Opprecht: *Jesus auf der Chefetage: Von Unternehmern weltweit lernen*. Hänssler, 2004. 335 S., € 19,95. (Es enthält auch ein Beispiel, das wir nicht teilen.)

Invest in the Best. Campus für Christus, 10 S., etwa Postkartenformat. – Arbeitsmittel, um Geschäftsleuten Jesus vorzustellen.

Websites

www.asideutschland.de	**ASI Deutschland**
www.asi-austria.at	**ASI Österreich**
www.asi-ch.org	**ASI Schweiz**
www.asi-europe.org	**ASI Europa** (englisch).
www.asiministries.org	**ASI USA** (englisch).
www.outpostcenters.org	**Outpost Centers International** (OCI). Offizielle Website des Dachverbands der adventistischen selbstunterhaltenden Institutionen (englisch).
www.ciw.de	**Christen in der Wirtschaft.** Evangelikale Seite.
www.heresources.com	**Health Education Resources.** STA-Material und Infos zu Gesundheitsexpo und Gesundheitsarbeit (englisch / deutsch).

www.missionsbrief.de	**Missionsbrief.** Herausgeber Helmut Haubeil, Prediger i. R. Stellt Missionsprojekte rund um die Welt vor und motiviert zur Eigeninitiative.
www.gmn.ch	**Netzwerk für Evangelisation und Mission.** Sehr gute Seite des Schweizer STA-Predigers Arnold Zwahlen, mit Schwerpunkt auf den deutschsprachigen Ländern.
www.global-mission.org	**Globale Mission.** Portal rund um Mission: Ideen, Ziele, Projekte (englisch).
www.adventist.org	Offizielle Website der **STA-Generalkonferenz** (englisch).
www.sda.net	Sehr umfangreiches **adventistisches Portal**, von Bibellehrbriefen über STA-Institutionen bis zu Videos (englisch).
www.tagnet.org	Die **STA-Datenbank** schlechthin für Institutionen, Adressen und Links (englisch).

Anhang 2: Das Antidiskriminierungsgesetz: Dürfen Christen noch bevorzugt eingestellt werden?

(Aus: *CiW Wirtschaftsnachrichten*, 29.6.2007)

»Seit bald einem Jahr ist das umstrittene Allgemeine Gleichbehandlungsgesetz (AGG) in Kraft, und nicht nur Juristen sollten wissen, was alles durch das neue Gesetz geregelt wird«, meint der Kölner Rechtsanwalt Jens-Walter Lüpkes in einem Beitrag für die neue Ausgabe der Zeitschrift *Christ & Wirtschaft*.[123] Fallstricke gebe es viele, und wer sich nicht frühzeitig auf das neue Recht einstelle, dem drohten imageschädigende Verfahren und teure Entschädigungsverpflichtungen. Besonders für christliche Unternehmer stelle sich die Frage, ob eine bevorzugte Einstellung von Christen seit dem AGG noch zulässig sei.

Die Antwort ist eindeutig: Eine Bevorzugung von Christen innerhalb eines Bewerbungsverfahrens bzw. die damit einhergehende Benachteiligung anderer Bewerber aufgrund ihrer Religion oder Weltanschauung würde einen klaren Verstoß gegen § 7 AGG darstellen. »Wenn also ein Unternehmer in einem Stellenangebot einen ›wiedergeborenen Christen‹ als Mitarbeiter für sein Unternehmen sucht, verstößt er gegen das AGG und kann nur hoffen, dass sich kein anders- oder nichtgläubiger Bewerber bei ihm meldet und nach einer Ablehnung fristgerecht Klage erhebt«, schreibt Lüpkes.

Differenzierter zu beurteilen sei dem gegenüber der Fall, wenn der Arbeitgeber die Kirche oder zumindest eine konfessionell gebundene Einrichtung ist. Diese profitierten von der Kirchenklausel des § 9 AGG, wonach eine Ungleichbehandlung wegen Religion und Weltanschauung im Einzelfall gerechtfertigt sein könne.

123 - »Vorsicht Falle(n) – Das neue Allgemeine Gleichbehandlungsgesetz (AGG)«, in: *Christ & Wirtschaft*, 3/2007.

Hierbei sei aber zwischen zwei Personengruppen zu unterscheiden: Durch die Kirchenklausel würden nur die Personen privilegiert, die sich unmittelbar der Pflege des Glaubens widmeten (Pfarrer, Diakone, Ordensleute) sowie Arbeitnehmer, deren erbrachte Leistung unmittelbar mit dem Glauben zusammenhinge. Beispiele seien Pflegekräfte in konfessionellen Krankenhäusern, Lehrpersonal in konfessionellen Schulen oder auch Mitarbeiter karitativer Organisationen wie Diakonie oder Caritas. Eine Stellenanzeige: »Evangelische/r Arzt/Ärztin gesucht« sei mithin gerechtfertigt und damit AGG-kompatibel.

Anders sehe es hingegen bei der Vergabe von Arbeitsplätzen aus, bei der die Zugehörigkeit zu einer bestimmten Religionszugehörigkeit keine wesentliche und unabdingbare Voraussetzung darstelle (wie z. B. bei Fahrern, Reinigungspersonal oder Mitarbeitern mit reinen Verwaltungsaufgaben). Eine Stellenausschreibung mit der Formulierung »Gläubige/r Pförtner/in gesucht« oder ein späteres Abstellen bei der Personalauswahl auf das Glaubensbekenntnis eines Bewerbers sei folglich nicht über die Kirchenklausel gerechtfertigt und könnte Entschädigungsansprüche auslösen.

Das bedeute jedoch nicht, dass Arbeitgeber bei der Einstellung neuen Personals völlig determiniert seien, stellt Lüpkes klar. »Vielmehr wird man bei Ausschreibungen und Bewerbungsgesprächen sich in Zukunft an die neuen Vorgaben halten müssen und seine Fragen strikt AGG-fest zu stellen haben. Wenn der Bewerber dann von sich aus weitere persönliche Angaben macht – etwa zu seinem Alter, zu seiner Herkunft oder auch zu seinem Glauben, dann ist dies unproblematisch, solange nicht die interne Dokumentation zeigt, dass gerade hierauf bei der Zu- bzw. Absage abgestellt wurde.« So sei man als Unternehmer auch künftig nicht daran gehindert, aus der Menge der Kandidaten den für das Unternehmen am besten Passenden herauszufiltern, meint Lüpkes weiter. Nur müsse man dabei genau aufpassen, was man sage und frage. Außerdem sei man gezwungen, seine interne Dokumentation sorgfältig zu führen. Faktisch bedeute das einen erheblichen Mehraufwand gegenüber der bisherigen Praxis.

Anhang 3:
Wenn Jesus der Geschäftsführer wäre

(Sarah J. Proctor)[124]

Die Zeitungen und das Fernsehen der USA sind täglich voll von zahllosen Geschichten über Korruption und den Mangel an ethischer Menschenführung in der heutigen Unternehmenswelt. Hier steht der Name »Enron« [seit dem großen Betrugsskandal 2001 um diesen US-Konzern] stellvertretend für Habgier und Täuschung. Der überwiegende Teil der Öffentlichkeit glaubt, dass dem »Big Business« nicht vertraut werden kann und dass den Managern des sogenannten Großkapitals moralische Werte fehlen. Es ist nicht fair, wenn eine ganze Gruppe abgestempelt wird, aber die meisten Menschen wissen nur das, was sie [in den Medien] sehen und hören.

Die Medien berichten nicht gerade darüber, dass ein Geschäftsführer das Richtige getan hat, schon gar nicht, wenn dieser immer das Richtige tut. Ist der Begriff »erfolgreicher christlicher Geschäftsmann« also ein Widerspruch in sich selbst? Ist es einem aufrechten Christen möglich, auf lange Sicht gesehen ein großes Unternehmen zum Erfolg zu führen? Wenn Jesus unter uns lebte, könnte er ein Geschäftsführer von Enron sein oder von ExxonMobil? Und wenn er es wäre, wie würde ein solches Unternehmen aussehen?

Die Qualifikationen Jesu

Wir haben kein Problem damit, in Jesus jene Eigenschaften zu entdecken, nach denen wir als Christen in unserem persönlichen Leben streben. Wie vereinbar sind die Eigenschaften

124 - Originaltitel: »What If Jesus Were the CEO«, in: *Adventist Review*, 8.3.2007. Sarah J. Proctor ist Vizepräsidentin für den Bereich Finanzen in einer gemeinnützigen Organisation in Texas (USA).

Jesu aber mit den Qualifikationen, die wir normalerweise mit Führungskräften verbinden? Könnte Jesus den Anforderungen genügen?

Die meisten Beispiele für Jesus als Führungskraft sind verknüpft mit der Zeit, die er mit seinen Jüngern verbrachte. Diese folgten Jesus sogar, als er sie damit in Opposition zu den örtlichen Führern brachte.

Jesus kannte seine Nachfolger, und er kümmerte sich aufrichtig um ihre Bedürfnisse und ihre persönliche Weiterentwicklung. Jesus wusste, wie man Begabungen fördert und wie man dem Einzelnen dabei helfen kann, seine ihm verliehenen Begabungen und Talente zu entdecken. Er betrachtete jeden Menschen als wertvoll. Er sah in jedem die Qualitäten, die dieser in die Gesellschaft würde einbringen können. Das bedeutet Menschenführung.

Er hatte kein Problem damit, die Führung zu übernehmen, wenn sich etwas scheinbar falsch entwickelte, ob es nun darum ging, großen Menschenmassen etwas zu essen zu geben – etwa jenen, die gekommen waren, um seine Auffassung über die Gewohnheiten erfolgreicher Menschen zu hören –, oder ob es darum ging, den Tempel zu reinigen, damit dieser seinem eigentlichen Zweck dienen konnte. Das Vermitteln von Wissen und Entschlussfreudigkeit sind Qualitäten von Führungskräften.

Jesus besaß politischen Scharfsinn, obwohl er anscheinend nicht viel für Politik übrighatte und sie auch nicht benutzte, um seine eigene Sache voranzubringen. Er behauptete sich gegenüber den Pharisäern und stellte ihrer Macht seine eigene entgegen. Er war gut informiert und verstand intuitiv die Politik seiner Zeit. Ich vermute, dass er traurig war, als er sah, wie sehr die Menschen der Politik und den herrschenden Mächten erlaubten, ihr Leben zu bestimmen. Er kannte jedoch eine positive Macht, von der er wollte, dass die Menschen danach greifen – der Macht seiner Liebe und seiner Art Lebensstil. Das sagt mir, dass Macht an sich nicht schlecht ist, aber dass eine Führungskraft mit der Macht, die sie anstrebt, vorsichtig umgehen muss.

Viele Menschen würden argumentieren, dass ein erfolgreicher Geschäftsmann die Eigenschaften »Aggression« und »Habgier« besitzen muss, andernfalls werde er nicht überleben. Viele Unternehmen haben jedoch Erfolg, indem sie ihren Fokus vollkommen auf die Bedürfnisse ihrer Kunden, Aktionäre und Beschäftigten ausrichten. Das Überleben des Unternehmens basiert oft einfach auf der Fähigkeit, diese Bedürfnisse zu identifizieren und innovative Wege zu finden, sie zu befriedigen.

Wenn Organisationen sich aber von ihrem Bemühen, die Bedürfnisse zu erfüllen, entfernen und anfangen, zu raffen und nur noch aus habgierigen Zwecken zu wachsen, betreten sie gefährlichen Boden. Die klassische Lehre über den Aufbau von Organisationen warnt vor einer Expansion, wenn sie nicht ganz klar an einen Auftrag und an Werte gekoppelt ist.

Wer hat die Bedürfnisse von Menschen je besser gekannt als Jesus? Wer hat diese Bedürfnisse je besser befriedigt als er, und zwar mit genau den richtigen Lösungen?

Demut wird im Allgemeinen nicht mit den Fähigkeiten von Führungskräften in der amerikanischen Unternehmenswelt in Zusammenhang gebracht, aber vielleicht sollte man genau das tun. Sherron Watkins war es, die den Enron-Skandal aufgedeckt hat. Vor kurzem schrieb sie Folgendes über Führungskräfte:

»Ich frage mich immer noch, ob wir wirklich die entsprechenden Charakterzüge in unseren Führungskräften erkennen und wertschätzen. Wir wünschen uns ehrliche Führungskräfte, die entscheidungsfreudig sind, kreativ, optimistisch und sogar mutig. Aber wir geben uns zu leicht zufrieden mit dem Reden über solche Eigenschaften, anstatt danach zu handeln. Schlimmer noch: Meistens suchen wir überhaupt nicht nach einem der wichtigsten Merkmale einer Führungskraft – Demut. Eine demütige Führungskraft hört zu, was andere sagen. Sie weiß Eingaben von Angestellten zu schätzen und ist bereit, die Wahrheit zu hören, sogar wenn es schlechte Nachrichten sind.« (*Time*, 28.5.2006)

Vielleicht wäre der Mann, der die Füße seiner Untergebenen gewaschen hat, genau der Richtige, um der Geschäftswelt etwas über die Charaktereigenschaft »Demut« beizubringen.

Ich glaube, dass Jesus die Fähigkeiten hätte, Geschäftsführer eines großen Unternehmens zu sein. Es wäre allerdings ein Unternehmen, das sich sehr von dem unterscheiden würde, was wir so täglich in den Nachrichten sehen.

Auftrag, Firmenkultur und Organisation

Jesu Unternehmen hätte einen klar formulierten Auftrag. Dieser wäre auf den Prinzipien Wahrheit, Ehrlichkeit und Dienstbarkeit gegründet. Es könnte jede Art von Organisation sein, und zwar in fast jeder Branche, solange das Produkt oder die Dienstleistung die wirklichen Bedürfnisse von Menschen abdeckte. Es wäre schwer vorstellbar, dass Jesus auch nur das geringste Interesse daran hätte, eine Firma zu leiten, die sich auf ein Produkt konzentriert, das überflüssig, ungesund oder schädlich für die Gesellschaft ist.

Jedes Unternehmen hat seine eigene Kultur und Struktur. Ein Unternehmen, das von Jesus geleitet würde, wäre nicht bürokratisch verkrustet, sondern offen für unabhängiges Denken, Wachsen und Handeln. In dieser Organisation wäre die Kommunikation offen und ehrlich – aber immer konstruktiv. Die Tür zu seinem Büro stünde jedem Mitarbeiter zu jeder Zeit offen, und zwar vom Leiter des Finanzwesens bis zum Hausmeister. Er würde jeden Namen kennen. Aber was noch wichtiger ist: Er würde wollen, dass alle sich untereinander beim Namen kennen. Und nicht nur ihre Namen wären wichtig, auch ihre Fähigkeiten und Schwächen, ihre Freuden und ihre Schwierigkeiten – auch dies wäre unerlässlich.

Es würde sich also um eine offene Organisation handeln, mit der Möglichkeit vorwärtszukommen, aber noch mehr mit der Möglichkeit von Teamwork. Manch ein Unternehmensberater würde argumentieren, dass nicht jeder dazu geeignet sei, in dieser Art

Umgebung zu arbeiten. Aber vielleicht würde Jesus genau wissen, wie er die Begabungen eines jeden Angestellten an der richtigen Stelle im Unternehmen einsetzen könnte, und zwar sowohl zu ihrem eigenen Nutzen als auch zum Erfolg des Unternehmens.

Einfluss und Handlungsvollmacht

Unternehmen erfordern ein gewisses System an Kontrolle und Organisation der Aktivitäten. Das Organigramm beschreibt diese Funktionen, damit jeder weiß, was die ihm zugewiesene Rolle ist. In einer Büroorganisation gibt es Regeln, die befolgt werden müssen, und es gibt eine klare hierarchische Struktur.

In der Realität resultiert Autorität jedoch nicht daraus, dass jemand eine Linie in einem Organigramm zeichnet. Autorität kann aus einem vernunft- oder gesetzmäßigen Auftrag resultieren. Sie kann auch von traditionellen Auffassungen herstammen, ein Vermächtnis aus vergangenen Zeiten. Oder es kann charismatische Autorität sein, die auf Vertrauen und Hingabe vonseiten jener Mitarbeiter basiert, die an ihren Vorgesetzten glauben. Vielleicht würde Jesus alle drei Autoritätstypen für die Führung in seinem Unternehmen einsetzen.

Die Bibel zeigt, dass es in unserem Leben einen Platz für Regeln gibt. Aber diese Regeln beruhen auf Prinzipien und einer liebenden Führung. Natürlich hätten Christen, die im Team arbeiten, keine Probleme, Jesu Autorität im hergebrachten Sinn zu akzeptieren. Mögliche Skeptiker oder neue Angestellte würden rasch Jesu Charisma in seiner warmherzigen Art und behutsamen, fürsorglichen Handlungsweise erkennen.

Vielfalt

Die biblische Geschichte von der samaritanischen Frau ist der klare Beweis dafür, dass Jesus in seiner Firma keine Diskriminierung dulden würde. Aber würde Jesus lauwarme Christen einstellen? Während seiner Zeit auf Erden zeigte Jesus solch hohe soziale Kompetenz, dass er die Herzen der Menschen sogar lesen konnte, ohne seine göttliche Macht in Anspruch zu nehmen. Er hätte kein Problem damit, jeden Bewerber zu nehmen, solange er nur die Unternehmenskultur akzeptiert. Immerhin gestattete er Judas, einer seiner Jünger zu werden, obwohl er wusste, dass dieser ihn am Ende verraten würde.

Hier taucht eine interessante Frage auf: Würde Jesus einen Moslem einstellen? Diese Frage wird vielen Lesern Bauchweh bereiten. In meiner Fantasie sehe ich dieses Unternehmen mit Jesus als Geschäftsführer wie einen Leuchtturm. Zweifellos würde es in der Zeitschrift *Fortune* auf der Liste der »100 begehrtesten Unternehmen« erscheinen, bei denen man arbeiten möchte. Das würde die verschiedensten Arbeitnehmer anziehen. Dieses Unternehmen würde sein Licht nicht unter den Scheffel stellen. Ganz und gar nicht. Daher wäre es möglich, dass Menschen aller Glaubensrichtungen zumindest daran interessiert wären, hier zu arbeiten. Wenn sich jemand bewirbt, würde Jesus ihn einstellen. Wann hat Jesus jemals jemanden abgewiesen, der zu ihm kam? Gäbe es einen besseren Weg, seine Liebe an andere weiterzugeben, als Menschen in den Einflussbereich dieser Liebe zu stellen?

Ethik, Konflikte und die menschliche Dimension

Untersuchungen in Unternehmen haben gezeigt, dass ethische Grundsätze und eine wertebasierte Führung langsam von oben nach unten durchsickern und dass es fast unmöglich ist, dies auf irgendeine andere Weise zu bewerkstelligen. Jesus wüsste dies, und er wüsste auch, wie er es anstellen müsste. Im Bereich der moralischen Menschenführung leitet und inspiriert er uns, nach dem Prinzip des Durchsickerns von oben nach unten, seit mehr als 2000 Jahren.

Wo immer es Menschen gibt, gibt es Konflikte. Jede Organisation der Welt ist anfällig für Konflikte zwischen den Menschen, die sich in ihr befinden. Denken wir nur an die Heiligen in der eigenen Ortsgemeinde. Oft stimmen sie nicht miteinander überein, und manchmal streiten sie sich sogar. Ich bin sicher, in Jesu Unternehmen wäre es ebenso. Jesus würde seine Manager und alle Beschäftigten dazu anleiten, den biblischen Anweisungen zur Konfliktlösung zu folgen. Er würde sie nämlich dazu anhalten, dies durch ein erstes Schlichtungsgespräch zwischen beiden Parteien zu tun. Und würde das Problem dadurch nicht gelöst werden, würde er ein zweites Gespräch in einem durch einen Manager erweiterten Rahmen führen. Jeder einzelne Manager, der für Jesus arbeitet, würde formell und durch das Beispiel Jesu dazu ausgebildet, Konflikte fürsorglich und unter Gebet zu lösen.

Ich bin mir nicht sicher, ob Amerika (oder auch der Rest der Welt) mit einem vollkommen anständigen und sozial verantwortlich handelnden Großkonzern wirklich umgehen könnte. Dennoch wäre die Existenz eines solchen Konzerns eine reale Möglichkeit. Doch um dies wirklich zu erkennen und seine Skepsis zu überwinden, brauchte man Zeit. Jesus würde in keinem Teil seiner Organisation unmoralisches Verhalten tolerieren. Er würde diese Haltung natürlich durch sein Beispiel vorgeben, aber immer dann, wenn jemand sein Vorbild nicht akzeptierte und auf Ermahnung nicht reagierte, würde diese Person gebeten werden, die Firma zu verlassen.

Mangelhafte sittliche Reife ist etwas anderes als absichtliche Missachtung. Jesus würde sicher jeden möglichen Weg suchen, um einen Angestellten, der versagt hat, dennoch zu behalten. Er wäre jedoch kompromisslos bei einem Verhalten, das schädlich, unehrlich, habgierig oder irgendwie sittlich fragwürdig wäre. Jesus könnte und würde dem kündigen, der offensichtlich unwillig ist, sich auf einen moralisch besseren Weg führen zu lassen. Was für eine Führungskraft wäre Jesus, wenn er nicht bereit und fähig wäre, für das Richtige einzustehen? Die Entlassung eines Mitarbeiters würde sein Herz brechen, ja, aber er würde es tun. Gerechtigkeit hätte in Jesu Unternehmen ebenso ihren Platz wie Barmherzigkeit und Liebe.

Ein Beispiel für *mich*

Solange ich lebe, wird Jesus kein Geschäftsführer in Amerikas Unternehmenswelt sein. Daher sind meine Gedanken nur spekulativ. Ich möchte aber, dass sie einem anderen Zweck dienen. Als Führungskraft in meinem eigenen, kleinen Teil der Geschäftswelt möchte ich lernen, so zu führen, wie Jesus Menschen führen würde. Ich möchte aufgrund von Prinzipien entscheiden, damit das, was ich als Manager tue, mit meinen christlichen Werten übereinstimmt. Ich möchte, dass mein Büro eine im Glauben gegründete Bastion in der Unternehmenswelt ist.

Es kann selbst in den größten Unternehmen eine moralische und ethische Menschenführung geben. Allein der Glaube an diese Ideale führt aber noch nicht zu ihrer Verwirklichung. Eine von Jesus inspirierte Menschenführung ist die Aufgabe eines jeden Christen, der eine Führungsposition innehat. Mit der Führung Christi in unserem Leben kann dies zur Realität auch in der Geschäftswelt werden – und natürlich auch in unserer Gemeinde.

Anhang 4: Rat bezüglich spekulativer Investitionen

(Ellen White)[125]

Glaubensgeschwister haben in Patentangelegenheiten und anderen Unternehmungen Geld angelegt und Freunde, die die Sorge und Unruhe eines solchen Geschäftes eigentlich nicht ertragen können, veranlasst, sich ebenfalls daran zu beteiligen. Ihr ängstlich besorgter, überbeanspruchter Geist greift nun ernstlich ihren bereits kranken Körper an. Sie werden verzagt, schließlich ganz verzweifelt und verlieren jegliches Selbstvertrauen und glauben, Gott hätte sie verlassen. Sie wagen nicht anzunehmen, dass Gott ihnen gnädig sein wird. Diese armen Seelen werden der Herrschaft Satans nicht überlassen bleiben. Sie werden ihren Weg durch das Dunkel finden und erneut ihren schwankenden Glauben auf Gottes Verheißungen setzen. Er wird sie befreien und ihre Sorge und Trauer in Frieden und Freude verwandeln. Die Glaubensgeschwister müssen aus diesen Dingen, die sie zu ertragen hatten, lernen, sich nicht mehr um Patentangelegenheiten und ähnliche Unternehmungen zu kümmern. Sie sollten nicht einmal ihren Brüdern gestatten, in ihnen falsche Hoffnungen zu wecken, sich in solche Unternehmungen einzulassen. Ihre Erwartungen lassen sich nicht verwirklichen; sondern sie werden dann auf das Kampffeld des Feindes geworfen, ohne für den Streit gerüstet zu sein. Mittel, die man zur Förderung des Werkes Gottes in seine Schatzkammer hätte bringen sollen, sind verloren, wenn sie in einigen dieser modernen Unternehmungen angelegt werden. *Wenn ein Adventgläubiger die Möglichkeit und Fähigkeit hat, sich diesen Patentrechten und Erfindungen zu widmen, sollte er nicht unter seine Glaubensgeschwister gehen und dort sein Arbeitsfeld suchen, sondern*

125 - *Aus der Schatzkammer der Zeugnisse I*, 91f. (kursiv von mir).

unter die Ungläubigen. Lockt eure Brüder, die ihr Vermögen Gott zu weihen wünschen, nicht durch euren Namen und euer Bekenntnis als Adventist an euch, sondern geht in die Welt und lasst die Ungläubigen, die sich nicht um den Fortgang des Werkes Gottes kümmern, ihre Mittel zur Verfügung stellen.

Anhang 5: Materialhinweise für die Missionsarbeit

Andreasbriefe

Die Andreasbriefe[126] sind Broschüren im DIN-A5-Format mit 4 – 8 Seiten Umfang. Sie wurden von mir (HH) mit dem Ziel verfasst, dass nichtchristliche Menschen ihre ersten Schritte zu Jesus machen (wie der Jünger Andreas, daher der Name; siehe Joh 1,40-42). Sie sollen generell Interesse wecken und für ein grundlegendes Glaubensgespräch öffnen. Die Andreasbriefe sind eine gute Ergänzung zu dem Heft *Ergreife das Leben* oder ähnlichem Material. Man kann sie zum Eigenstudium abgeben oder gemeinsam mit den Menschen durchlesen. Beim gemeinsamen Lesen ist es günstig, wenn alle Beteiligten ein Exemplar vor sich haben. Hier die bisherigen Ausgaben:

Nr. 1: Der christliche Glaube auf dem Prüfstand. Ein enorm wichtiges Thema, das schon Jesus und die Apostel benutzten, um Menschen davon zu überzeugen, dass Jesus von Nazareth der Erlöser ist. Es geht darum zu klären, ob es einen lebendigen Gott gibt, ob Jesus wirklich unser Erlöser ist und ob die Bibel wirklich von Gott ist, obwohl Menschen sie geschrieben haben. Der Nachweis für alle drei Fragen wird durch die messianischen Weissagungen erbracht.

Ich habe diesen Weg Hunderte Mal beschritten. Dabei habe ich immer Staunen und positive Reaktionen erlebt. Dieses Thema sollte vor oder spätestens sofort nach *Ergreife das Leben* eingesetzt werden. Dabei ist es nicht von Bedeutung, ob der Teilnehmer sich schon bewusst für Jesus entschieden bzw. ein Übergabegebet gesprochen hat.

126 - Download unter *www.missionsbrief.de* – »Missionsmaterial«.

Nr. 2: Einzigartig und unvergleichlich: Jesus von Nazareth vertieft das Thema, dass Jesus der Messias ist. Wenn der Interessent schon gut von Jesus überzeugt ist, kann man diesen Brief auch weglassen.

Nr. 3: Was ist eigentlich das Hauptanliegen der Bibel? sollte unter allen Umständen durchgenommen werden. Hier wird in kurzer, lebendiger Weise der Erlösungsplan dargestellt. Es wird erwähnt, dass bei großen Umfragen 98 % aller Befragten vom Hauptanliegen der Bibel eine verkehrte Vorstellung hatten. Der Brief zeigt deutlich, dass unsere Erlösung ein Geschenk Gottes ist und nicht verdient werden kann oder verdient werden muss. Es ist überwältigend, die Reaktion mitzuerleben, wenn dies einem Menschen klar wird.

Nr. 4: Die Wette unseres Lebens hat vorbereitenden Inhalt und sollte, wenn man es verwenden will, ganz am Anfang eines Kontaktes gelesen werden. Abschließend kann man eine Brücke zum Andreasbrief Nr. 1 schlagen, indem man fragt: »Würden Sie gerne einige Beweise für die Glaubwürdigkeit der Bibel kennenlernen?«

Eine gute Fortführung nach den Andreasbriefen ist, das Buch *Der bessere Weg* bzw. *Schritte zu Jesus* von Ellen White Kapitel für Kapitel gemeinsam zu lesen und zu besprechen. Es können auch die *Mitteilbaren Konzepte* verwendet werden. Wenn die Menschen danach noch nicht zu der notwendigen Erkenntnis durchgedrungen sind, ist es am besten, *Den besseren Weg* noch einmal gemeinsam durchzugehen oder zum Selbststudium zu empfehlen.

Lasst uns nie vergessen, dass es beim Lesen geistlicher Literatur, besonders beim Wort Gottes und den Büchern des Geistes der Weissagung, immer um eine innere Begegnung mit Jesus Christus geht.

Mitteilbare Konzepte

Diese wertvolle Reihe von neun Broschüren[127] wurde – wie bereits unter »Schlüsselerlebnis München« erwähnt – geschaffen, um Christen in ein kraftvolles, in Gott geborgenes Leben zu führen und sie zu befähigen, ihren Glauben anderen effektiv zu bezeugen. Folgende Nummern sind erhältlich:

1. Gewissheit im Glauben – Wie erfährt man das?
2. Gottes Liebe und Vergebung – Wie erfährt man das?
3. Erfüllt vom Heiligen Geist – Wie erfährt man das?
4. Beständiges Leben im Heiligen Geist – Wie lernt man das?
5. Wirksames Zeugnis – Wie macht man das?
6. Andere zu Jesus führen – Wie macht man das?
7. Mitarbeit am Missionsauftrag – Wie macht man das?
8. Andere durch Glauben lieben – Wie lernt man das?
9. Wirksames Gebet – Wie lernt man das?

Jedes Büchlein enthält außerdem im Anhang folgende Studienhilfen:

- *Fragen zum Nachdenken*. Mit diesen Fragen kann man den Stoff durchnehmen wie eine Sabbatschul-Lektion.
- *Studienanleitung*. Hier geht es darum, wie ich aus dem Thema den größten Gewinn ziehen kann.
- *Zusammenfassung*. Eine Kurzfassung des Themas und gleichzeitig eine Gliederung für die, die das Thema als Vortrag, Predigt oder Seminar halten wollen.

Sehr segensreich und wertvoll ist es, alle neun Broschüren der Reihe *Mitteilbare Konzepte* zu studieren. Eine gute Vertiefung ist das auf dieser Reihe aufbauende Seminar »Freundschaft mit Gott«[128], das zusätzlich auf manche Frage eingeht und auch das wichtige Thema des Betens auf der Grundlage von Verheißungen behandelt.

127 - Zum Selbstausdruck herunterladbar: *www.missionsbrief.de* – »Jüngerschaft«.
128 - Unter *www.missionsbrief.de* – »Jüngerschaft«.

Bibelstudien-Material

Hat man den Interessierten mit Christus bekannt gemacht und ihm eine grundsätzliche Vorstellung von praktischer Nachfolge gegeben, dann kann man mit Bibelstunden beginnen. Dafür steht gutes Material zur Verfügung. Die Bibelstunden von Michael Dörnbrack[129] haben neben der Gastversion eine Lehrerversion, die zusätzlich Fragen enthält, die man stellen kann.

Wer sich ein Ringbuch mit Bibelstunden kaufen möchte, sei auf Charles Sohlmann / Emilio Knechtle: *Jesus Christus unser Leben: 30 Bibelstudien zur geistlichen Erweckung* hingewiesen.[130]

Wer gerne mit einem Laptop arbeitet, kann Bibelstunden oder evangelistische Vorträge als PowerPoint-Präsentation geben.[131] Eine hervorragende Möglichkeit bietet die neu entwickelte Themenreihe *New Beginnings*, die gerade ins Deutsche übersetzt wird. Sie ist für Vorträge, Bibelstunden oder Hauskreise geeignet. Alle Vortragstexte und Bilder sind auf DVD gespeichert; zum Abspielen braucht man einen Computer oder einen DVD-Spieler plus Fernseher. Bezogen werden kann sie in Deutschland über die jeweiligen Zentrallager der beiden Verbände, in Österreich und der Schweiz über die Heimatmissionsabteilung.[132]

Um Menschen zur Entscheidung zu helfen, können auch die zehn Entscheidungsthemen von Fordyce Detamore verwendet werden, die schriftlich oder als Computer-Präsentation erhältlich sind.[133] Darüber hinaus gibt es natürlich noch sehr viel weiteres Bibelstunden-Material.

---

129 - Unter *www.missionsbrief.de* – »Missionsmaterial«.

130 - Beziehbar bei *www.adventistbookcenter.at*.

131 - Eine ganze Anzahl von Präsentationen mit Bibelthemen bietet Olaf Schröer an (Bestellliste unter *www.missionsbrief.de* – »Missionsmaterial« – »Bestell-Liste CDs und DVDs - Olaf Schröer«).

132 - Mehr Informationen über die Serie *New Beginnings*, ihre Entstehung und die Erfahrungen im weltweiten Einsatz im *Missionsbrief* Nr. 31, Sep/Okt 2009.

133 - *www.missionsbrief.de* – »Missionsmaterial« – »In der Nachfolge Christi«.

Anhang 6:
Der Missionsbrief

Ich (HH) bin dem Herrn für den *Missionsbrief* sehr dankbar, denn er wurde von niemandem vorher geplant. Er entstand 1994 unter der Führung Gottes, und zwar aus der Außenmission der Gemeinde Bad Aibling. Als Gemeinde möchten wir auch all jenen herzlich danken, die für Inhalt und Verbreitung des *Missionsbriefs* beten oder dabei mithelfen.

Der Missionsbrief wird zweimal jährlich herausgegeben (Mrz/Apr und Sep/Okt) und hat einen Umfang von rund 20 A4-Seiten. Die Grundauflage nähert sich 10 000 Exemplaren, bei Sonderaktionen sind es 12 000. Unser Ziel ist Information und Motivation, um Erweckung und geistliches Leben zu fördern. Im Bereich Mission geht es besonders um Pioniere (Neulandmissionare) sowie um Laien-Missionsschulen und deren Ausbildung; außerdem um Gemeindegründung, Heimat- und Weltmission sowie Berichte über die großen, weltweiten Planungen und Entwicklungen.

Angeboten wird der *Missionsbrief* allen Gemeinden in Deutschland, Österreich und der Schweiz. Er wird auch allen Dienststellen und Institutionen zugestellt. Wir versenden noch in weitere 13 Länder.

Druckausgabe

Für Gemeinden empfiehlt es sich, gleich für alle vorhandenen Schriftenfächer zu bestellen, damit alle Geschwister inspiriert und motiviert werden. Für die Bestellung gibt es folgende Möglichkeiten:

- Per Post: Helmut Haubeil, Rosenheimerstr. 49, D-83043 Bad Aibling / Oberbayern
- E-Mail: *h.haubeil@serviceline.net*.
- Telefon: 080 61 – 49 00 712
- Internet: *www.missionsbrief.de* – »Bestellung«.

Es wird gebeten, möglichst einen 5er- oder 10er-Pack oder ein Mehrfaches davon zu bestellen, weil das Porto in Deutschland von 1 – 10 Exemplaren und von 11 – 20 Exemplaren gleich viel kostet. Probeexemplare werden gerne zur Verfügung gestellt. Die Abgabe erfolgt kostenlos und portofrei mit der Bitte um eine Spende (Richtwert 40 Cent bzw. 60 Rappen pro Heft).

Online-Ausgabe

Bereits 3 – 4 Wochen vor der Druckausgabe werden alle Hauptartikel des *Missionsbriefs* ins Internet gestellt und können so am Bildschirm gelesen oder zu Hause ausgedruckt werden. Wer dies nutzen möchte, kann sich unter *www.missionsbrief.de* – »Newsletter« in den Verteiler aufnehmen lassen und erhält dann eine E-Mail mit den Links auf die Artikel.

Die Internetseite

Die Internetseite *www.missionsbrief.de* bietet erheblich mehr als die Druckversion. Wir wollen zur effektiven Nutzung einen kurzen Überblick der Menüpunkte geben:

Missionsbriefe ab Nr. 1: Archiv fast aller bisher erschienenen *Missionsbriefe*.

Missionsbausteine: Viele in der Praxis erprobte Wege für die Gemeinde und die Mission, z. B.: Wir wird man Missionar?, Pioniere (Neulandmissionare), Missionssabbat, Bibelklasse (= Sabbatschul-Evangelisation), Außenmissionsprojekte, Predigt-Notizheft für größere Kinder, Kleingruppen-Mission, Christus im Unternehmen (= Unternehmensführung nach biblischen Grundsätzen) und vieles anderes.

Missionsmaterial: Bibelstunden (auch für spezielle Zielgruppen wie Zeugen Jehovas oder Muslime), Vorträge, Predigten, Andreasbriefe, Handbuch für Kleingruppenmission.

Predigten / Artikel: Besondere Predigten und Artikel zum Lesen oder Ausdrucken.

Predigten hören: Missionsseminar »Geht hin in alle Welt …« von Helmut Haubeil, das in Gemeinden in Deutschland, Österreich, Schweiz und Norwegen gehalten wurde, und anderes.

Gemeindegründung: Wie können wir Gemeinden in der Heimat gründen? Anregungen und Hinweise aus der Praxis.

Gebet für Mission: Online-Broschüre der Initiativgruppe »Gebet für Mission«; außerdem ein Formular zur Weitergabe, wie man eine Missionsgebetsgruppe gründet und durchführt, mit Gebetsblatt zum Eintragen der Namen.

Große Erfahrungen: Hier können besondere Erfahrungen aus der *Missionsbrief*-Druckausgabe nachgelesen und ausgedruckt werden.

Kindergeschichten: Ausschließlich wahre Erzählungen; werden laufend ergänzt.

Jüngerschaft: Wie wird man ein freudiger und entschiedener Jünger Jesu? Wie können wir durch Freundschaft mit Gott das Leben in Fülle haben, von dem Jesus gesprochen hat (Joh 10,10)? Enthält die neun Taschenbücher der Reihe *Mitteilbare Konzepte* von Bill Bright und mein siebenteiliges Seminar »Freundschaft mit Gott«.

Gewinne Einen: Der Artikel »Gewinne Einen – Wie macht man das?« beschreibt meine persönlichen Schlüsselerlebnisse, durch die ich gelernt habe, auf welchem Weg ich Menschen Jesus vorstellen kann. Es wird gezeigt, wie man taktvoll und direkt ein grundlegendes Glaubensgespräch führen kann.

Arbeitshefte als wertvolles und erprobtes Hilfsmittel, u. a. speziell für die Gewinnung von Geschäftsleuten. Die »Mitteilbaren Konzepte« enthalten drei Broschüren, die in die persönliche Evangelisation einführen. Sie helfen auch zur Entwicklung eines eigenen Missionsplans.

In englischer Sprache gibt es von Elden K. Walter das Buch *New Testament Witnessing*, das aus der Bibel und dem Schrifttum von Ellen White zeigt, warum wir die Menschen zuerst mit Jesus bekanntmachen sollen, und die Broschüre *The Way to Eternal Life*.

Gesundheit / Lebensstil: Dieser Menüpunkt enthält grundlegendes und gutes Material:

- Ein Buch von Dr. med. J. Hawlitschek, der den biblisch-adventistischen Gesundheitsweg von der Bibel, dem Schrifttum von Ellen White und der Wissenschaft her begründet. Die Ausführungen gibt es auch als PowerPoint-Präsentationen (auf Englisch, Französisch, Spanisch und Portugiesisch; direkt bei Dr. Hawlitschek anfordern: E-Mail *jhawlitschek@bluewin.ch*).
- Das Buch *Bewusst essen – Bewusst leben* von Ellen White.
- 60 kurz gefasste, kompetente und allgemeinverständliche Gesundheitsartikel für den Einsatz in Gemeinden, Firmen und Praxen.
- Ein wertvoller Artikel von W. D. Frazee, einem unserer Gesundheitspioniere. Er legt dar, was unter Gesundheitsmission zu verstehen ist.

Links (der Menüpunkt befindet sich oben, nicht links): Die Linkliste ist alphabetisch nach Sachbegriffen geordnet, z. B. »Bibelfernkurse«, »Globale Mission«, »Gesundheit«, »Jugend«, »Missionspredigten«, »Sabbat«.

Padderatz stellt nicht nur intelligente Fragen, sondern liefert auch die richtigen Antworten dazu. Er wagt es, Tabus in der Gemeinde anzusprechen und heilige Kühe zu schlachten, ohne dabei persönlich anzugreifen. «

Heinz Hopf

Pensionierter Prediger, Evangelist, Vorsteher, Divisions-Abteilungsleiter und Leiter der »Stimme der Hoffnung«

» Diese klare Analyse der deutschen Siebenten-Tags-Adventisten war mehr als überfällig. Dr. Padderatz versteht es, ohne Polemik mit sachlichen Argumenten aufzuzeigen, warum die Gemeinschaft in Deutschland eine andere Entwicklung genommen hat als in anderen Teilen der Welt und was die Hintergründe für ihre gegenwärtige Krise sind. «

Helmut Mayer

Pensionierter Prediger und Evangelist